Uwe Schieferdecker

SACHSEN

Das gibt's nur bei uns!

Einzigartiges,
Erfindungen,
Ereignisse ...

Persönlichkeiten
und Rekorde

Fotonachweis: Wenn nicht anders angegeben, Fotos aus dem Archiv von Uwe Schieferdecker

1. Auflage 2012

Druck und buchbinderische Verarbeitung:
Buchproduktion Finidr, s.r.o., Český Těšín

34128 Kassel, Richard-Strauß-Straße 33, Tel. (0561) 9 37 17 38
www.Herkules-Verlag.de
ISBN 978-3-941499-73-7

Die Leipziger Mädlerpassage

Ein kleines Lexikon sächsischer Superlative
Hätten Sie's gedacht?

Nicht nur Einzigartiges ging von Sachsen aus, auch ein nie enden wollender Pioniergeist zeichnet dieses Land aus. Berühmte Leute sind in Sachsen geboren, haben hier gelebt und gewirkt. Dies allerdings nicht nur vor langen Zeiten, sondern auch immer
wieder in neuerer Zeit.
Impulse für Kultur, Wissenschaft, Technik und nicht zuletzt auch für die Wirtschaft in Deutschland, Europa, ja sogar für die Welt, gingen von Sachsen aus.
Die Region ist reich an Innovationen und guten Ideen.
Dieses Buch wird auch alteingesessene Sachsen oft überraschen und nicht nur Neubürgern und Touristen zeigen, welch ein Potential in diesem Land steckt.

Einzigartiges, Erfindungen, Ereignisse ...
Persönlichkeiten und Rekorde

Amerika liegt in Sachsen

Amerika wurde bekanntermaßen 1492 entdeckt, der gleichnamige Ort in Sachsen erhielt seine Bezeichnung hingegen erst im 19. Jahrhundert. Der romantisch im Muldental gelegene Werkweiler entstand um 1836 im Zusammenhang mit der Errichtung einer **Woll- und Kammgarnspinnerei** durch Heinrich Börner. Aus dieser Zeit stammt noch das mächtige Spinnmühlengebäude. Der kuriose Ortsname rührte von der Lage jenseits der Mulde her. Zur Fabrik konnte man anfangs nicht so einfach gelangen – der Besucher wurde mit dem Kahn „über den großen Teich" gezogen. Das erinnerte die Menschen damals an die Erreichbarkeit der Neuen Welt.

Industrielle Geschichte

„Ri-Ra-Rutschika, wir fahren nach Amerika!", sangen die Arbeiter auf dem Weg in ihr Werk. Der Begriff wurde amtlich, als der Güterbahnhof an der Bahnstrecke Glauchau–Wurzen 1876 offiziell als **Bahnstation Amerika** bezeichnet wurde. Heute erinnert ein ganzes Ensemble denkmalwerter Bebauung an die industrielle Geschichte des Ortes, der über Arnsdorf 1994 zur Stadt Penig kam: u. a. das Kesselhaus mit dem 42 Meter hohen Schornstein, die Schlosserei, die Direktorenvilla oder auch das Badehaus aus dem 19. Jahrhundert.

Gedenkstätte Bautzen – „Gelbes Elend"

Seit 1993 erinnert in der Lausitzmetropole die Gedenkstätte Bautzen – im Volksmund **„Gelbes Elend"** genannt – an politische Gefangene, Unrecht in der Justiz und unmenschliche Haftbedingungen in der unmittelbaren Nachkriegszeit sowie in der DDR bis 1989. Der Ausstellungsteil zum nationalsozialistischen Strafvollzug ist noch im Aufbau begriffen.

Die Gedenkstätte in Bautzen (Foto Stiftung Sächsische Gedenkstätten)

„Gelbes Elend"

Historisch existierten in der Stadt zwei Gefängnisse: **Bautzen I** entstand zwischen 1900 und 1904 als damals modernstes Zuchthaus im Königreich Sachsen. Wegen seiner gelben Klinkerfassade erhielt es alsbald den traurigen Beinamen **„Gelbes Elend"** verpasst. Im Dritten Reich wurden hier politische Gefangene, darunter auch der Vorsitzende der Kommunistischen Partei Deutschlands, Ernst Thälmann, sowie christliche Oppositionelle oder auch Vertreter der Zeugen Jehovas festgehalten.

1945 bis 1950 diente das um ein Barackenlager erweiterte Gefängnis als sogenanntes Speziallager. Bis zu 7000 Häftlinge, zunächst nationalsozialistische Verbrecher, ab 1946 vermehrt auch bürgerliche oder sozialdemokratische Oppositionelle, lebten hier unter schlechten Bedingungen. Zwischen 3000 und 4000 Häftlinge starben in dieser Zeit vor allem infolge von Hunger und Mangelernährung, einzelne, darunter auch Naziverbrecher, wurden hingerichtet.
Ab 1950 wurde Bautzen I ein Gefängnis für mehrfach Vorbestrafte und Langzeithaft. Seit 1990 ist es eine Justizvollzugsanstalt des Landes Sachsen.

Bautzen II, der „**Stasi-Knast**", entstand 1902 bis 1906 vor allem zur Untersuchungshaft. Seit 1933 wurden hier politische Gefangene festgehalten. Ab 1945 diente er der sowjetischen Besatzungsmacht und ab 1949 der DDR als Untersuchungsgefängnis.
Von 1956 an wurde Bautzen II faktisch vom Ministerium für Staatssicherheit kontrolliert. Politische Gegner der SED, Spione und Fluchthelfer, aber auch straffällig gewordene Vertreter der DDR-Führung selbst wurden hier gefangen gehalten. Die Häftlinge waren physischen und psychischen Misshandlungen ausgesetzt, Ermordungen sind nicht nachgewiesen. 1992 wurde Bautzen II auf Druck des Bautzen-Komitees ehemaliger Häftlinge geschlossen.

Ältester Kopfbahnhof – der Bayerische Bahnhof in Leipzig

Bis zur Einstellung des Bahnbetriebes im Jahr 2001 galt der Bayerische Bahnhof südöstlich der Leipziger Innenstadt als **ältester Kopfbahnhof Europas**. Die Eröffnung der Bahnstrecke zunächst bis Altenburg erfolgte 1842, das heute denkmalgeschützte klassizistische Bahnhofsgebäude wurde zwei Jahre danach fertig gestellt.

Bayerischer Bahnhof in Leipzig 1890

Mit der Inbetriebnahme des Leipziger Hauptbahnhofes 1912 endeten die Schnellzüge aus Richtung Bayern dort, bis zur Jahrtausendwende verkehrten noch die Regionalbahnen nach Süden. Der prägnante Portikus bildete bis zum Zweiten Weltkrieg den Nordgiebel der Bahnhofshalle. Im Zuge des Baus des City-Tunnels wurde das 2800 Tonnen schwere Bauwerk um 30 Meter nach Osten verschoben, bevor es ab 2013 an seine alte Position zurückkehrt und den unterirdischen Bahnhof Leipzig Bayerischer Bahnhof markieren wird.

Die Bergbahnen nach Oberloschwitz

Wo sich Mitte des 19. Jahrhunderts noch Weinberge erstreckten, entwickelten sich nach dem schweren Reblausbefall zum Ende des 19. Jahrhunderts Villengebiete. Der Blick von Oberloschwitz war auch damals schon traumhaft, aber der Weg dahin beschwerlich.

Bergbahn nach Oberloschwitz

So entstanden hier 1895 eine Standseilbahn und 1901 die **erste Bergschwebebahn der Welt**. Nach dem Konzept der gleichzeitig errichteten Wuppertaler Schwebebahn als Einschienenhängebahn ausgeführt, haben die beiden Wagen jedoch keinen eigenen Antrieb. Die nötige Fördermaschine befindet sich auf der Bergstation. Auf 274 Metern Länge überwindet die Bahn einen Höhenunterschied von 84 Metern. Bis 1996 fuhr auf dem technischen Denkmal in Dresden sogar noch der Schaffner mit.

Beyond the Pond in der Dresdner Neustadt

Michel Williams-Schmid wuchs jenseits des Teichs, also im Süden der Vereinigten Staaten auf. Wo genau, fällt ihr schwer zu sagen. Ihr Vater war bei der amerikanischen Luftwaffe und zog mit seiner Familie von Ort zu Ort. Die Ruhelosigkeit übertrug sich auf das Mädchen, denn es wechselte in vier Jahren nicht allein das Studienfach, sondern auch dreimal die Universität.

Beyond the Pond

Seit fünf Jahren aber scheint sie angekommen – und zwar ausgerechnet in Dresden, in der Neustadt. Hier sei vieles Multikulti oder Patchwork, das helfe ihren vier Söhnen in der Schule und ließ bei ihr erstmals so etwas wie Heimatgefühle entstehen. Hinzu kamen Kultur, Natur, langsam lernte sie auch die Sprache. Schließlich brachte sie sich auf ihre Weise ein: Williams-Schmid eröffnete in der Rothenburger Straße einen Laden namens „**Beyond the Pond**“, ein Ort für Kenner der britischen und amerikanischen Lebensart. Cornflakes, Baked Beans sind ebenso wie englische Belletristik oder Kochbücher im Angebot. Schnell entwickelte sich der Laden mit den urigen Regalen zu einem Treffpunkt für Landsleute, Gleichgesinnte oder einfach nur Interessierte.

Erzgebirgisches aus Carlsfeld in Argentinien

Bandonion in Carlsfeld

Als um 1820 billige englische Walzbleche den deutschen Markt überschwemmten, verstummten die **Carlsfelder Hammerwerke** im Erzgebirge. Nun breitete sich hier bitterste Armut aus. Über die zuständigen Verwaltungsbeamten gelangte die Kunde vom traurigen Dasein bis an die Ohren des Kronprinzen Johann. Nach dessen Besuch 1827 lockten Fördermittel und Spenden drei Schwarzwälder Uhrmacher in den Ort. Mit der Uhrmacherei und der Glasindustrie entwickelte sich im Laufe der Zeit die **Harmonikafertigung**.

Heutzutage erfährt der Besucher eines Tangoabends in **Buenos Aires** von den Musikinstrumenten aus **Carlsfeld**. So genannte **Bandonions** wurden im frühen 20. Jahrhundert zum prägenden Bestandteil des Orquesta Típica. Auf ihnen begründeten die Musiker in Hafenkneipen und Bordellen von Buenos Aires und Montevideo den Tango, der vom Rio de la Plata aus seinen Siegeszug um die Welt antrat.

Die Heimstätte der Handharmonikas aber ist der entlegenste Winkel des Erzgebirges – Carlsfeld.

Zentralkirche war Vorbild für Frauenkirche

Eine schmale Straße führt von Morgenröthe-Rautenkranz in das weltentrückte **Dorf Carlsfeld** auf dem Kamm des Erzgebirges. Bis in den Mai hinein künden Schneefetzen von der Unwirtlichkeit des Klimas im „sächsischen Sibirien". Der Schneeberger Berg- und Hammerherr Veit Hans Schnorr (später „von Carolsfeld") erwarb um 1677 die ansässigen Eisenerz- und Zinngruben und ließ entlang der Wilzsch Hammerwerke errichten. Der Bergherr stiftete in Carlsfeld die **erste Zentralkirche Sachsens**, an deren Bau vermutlich der junge Zimmerer George Bähr mitwirkte. So kann die achteckige Kuppel als **Vorbild der Dresdner Frauenkirche** gelten.

Christstollen aus Sachsen

Das bekannteste deutsche Weihnachtsgebäck ist wohl der „Striezel" oder Christstollen aus der sächsischen Residenzstadt. Seine Existenz lässt sich bis in das Jahr 1400 zurückverfolgen. Im Unterschied zu dem erzgebirgischen Stollen, der in seiner Form an einen Schweinebauch erinnert, soll der Dresdner Christstollen ein in Windeln gewickeltes Christkind darstellen. Sein Verkauf erfolgte im Mittelalter jeweils am Montag vor Heiligabend auf dem Dresdner Marktplatz. Es war der Ursprung des berühmten Striezelmarktes auf dem heutigen Altmarkt. Heute wird die Herstellung des „Dresdner Christstollens" durch ein Privileg geschützt. Nur Bäcker aus dem Raum der Landeshauptstadt dürfen das Gebäck unter dem exklusiven Namen vertreiben.

Der zerbrochene Stollen
Es ist keine drei Jahrzehnte her, da hatte noch jede Dresdner Familie ihr eigenes **Stollenrezept**. Die Einkaufsmärkte der Elbestadt gaben Rabattmarken aus, die zum Jahresende für den Kauf von Stollenzutaten verwendet wurden. Abgebacken wurden die **Striezel** beim Bäcker, der dafür nur das Mehl stellte. Eifersüchtig achteten die Hausfrauen darauf, dass die wertvollen Zutaten nicht mit Nachbars Backwerk vermischt wurden. Zur Kennzeichnung dienten Stollenzeichen, die sich jede Familie individuell hatte anfertigen lassen. Der abendliche Heimtransport nach dem **Abbacken** gestaltete sich zu einem kleinen Triumphzug. Doch wehe, einer der Stollen fiel vom Stollenbrett herunter und zerbrach: Das zog unweigerlich Unglück nach sich! Die außerordentliche Bedeutung, die dem weihnachtlichen Stollen beigemessen wurde, zeigt auch ein erzgebirgischer Aberglauben auf: Wenn der Familienstollen nicht aufging, sollte das den baldigen Tod des Familienvaters nach sich ziehen! Angesichts dieser Symbolik war es keine Frage, dass der Stollen erst zu Heiligabend angeschnitten werden durfte.

„Ey, wie schmeckt der Coffee süße ..."

Kaffee und Leipzig gehören untrennbar zusammen. Als 1693 die erste Lieferung Kaffeebohnen in der Messestadt ankam, schossen rings um den Marktplatz die Ausschankplätze schier aus dem Boden. Bereits 1697 erließen die besorgten Stadtväter eine „**Kaffeehaus-Ordnung**".

Lokal „Zum Arabischen Coffee Baum"

In dem Lokal „Zum Arabischen Coffe Baum" wird der Türkentrank nachweislich seit 1711 serviert. Eine barocke Bildhauerei von 1720 zeigt einen Orientalen, der einem Putto eine Schale Kaffee reicht. Der „**Coffe Baum**" gilt damit als der **älteste**, dauerhaft betriebene **Kaffeeausschank** in Deutschland. Sein Hauszeichen symbolisiert das „Schälchen Heeßen" als Kulturgeschenk des Orients an den Okzident.

Erste Kaffeehausmusiker – Kaffeekultur
Apropos Kultur: In der Messestadt unterhielten die ersten Kaffeehausmusiker Deutschlands ihre Gäste: Georg Philipp Telemann musizierte mit dem 1701 gegründeten Collegium musicum in den Kaffeehäusern am Marktplatz. Über Jahrzehnte besuchte Johann Sebastian Bach regelmäßig das

Zimmermannsche Kaffeehaus in der Katharinenstraße. Seine Kaffeekantate kann als Höhepunkt der sächsischen Kaffeehausmusik des 18. Jahrhunderts gelten. Den Text lieferte ihm der Leipziger Schriftsteller Christian Friedrich Henrici (Künstlername Picander) 1732. Die findigen Leipziger erkannten die Nische und machten ihre Stadt um 1730 zum **bedeutendsten Produktionsort von Kaffeemühlen**. Nicht zuletzt befördert durch die Erfindung des Porzellans für Europa in Dresden, stehen die Sachsen bis heute für die deutsche Kaffeekultur schlechthin.

Dippoldiswalde – einmalige alte Silberbergwerke

Silberbergbau in der Vergangenheit

Um 1168 begann auf Betreiben Ottos des Reichen und seiner Gattin Hedwig im Erzgebirge die Silbergewinnung. Der Bergbau entwickelte sich über acht Jahrhunderte fort und wurde nach der Wende vorerst eingestellt. Seine Frühphase ist zwar in Urkunden dokumentiert, doch viel mehr wissen wir nicht über dessen konkrete Umstände.

Umso aufregender war die zufällige Entdeckung eines **Silberbergwerkes** im Jahr 2003, als sich die Erdoberfläche in Dippoldiswalde absenkte. Den Blick in die Unterwelt bezeichnen die Archäologen als **absolute Sensation**. Vor deren Augen eröffnete sich ein altes Silberbergwerk.

Europaweit einzigartig
Der mittelalterliche Silberabbau wurde nach nur wenigen Jahrzehnten abgeschlossen, die Stollen verfüllt und vergessen. So zeigen sie ein getreues Abbild der Bedingungen in der Zeit um 1185. Ohne irgendwelche Sprengmittel wurde der Fels mit Schlägel und Eisen bearbeitet. Manche der feuchten und dunklen Stollen waren ganze 30 Zentimeter breit, die Bergleute müssen oft kniend oder liegend gearbeitet haben. Die Archäologen fanden „**europaweit einzigartige**“ Arbeitsgeräte wie Handhaspeln (das sind spezielle Holzwinden), Arbeitsbühnen, Leitern, eine Förderrutsche sowie Teile von Seilen, Körben und Gefäßen und anderen Werkzeugen. Zwei Felszeichen – eine Art Strichmännchen und ein Gesicht – sind wohl ein Zeichen für die tiefe Religiosität der damaligen Bergleute, die unter widrigsten Umständen seelischen Halt suchten.

Dixie an der Elbe

Am 30. Mai 1971 startete im **Dresdner Kulturpalast** das **1. Dixielandfestival**. An der Premiere waren sechs Jazzbands mit 40 Musikern aus vier so-

zialistischen Staaten beteiligt. Sie begründeten eine inzwischen längst zur Dresdner Tradition gewordene Veranstaltung.
Schon in den achtziger Jahren wurde die Stadt zur **europäischen Hauptstadt des Dixieland**. Das schnelle Aufblühen des Internationalen Dixielandfestivals und seinen Volksfestcharakter hatten die Initiatoren wohl kaum vorausahnen können. Im Jahr 2012 fand das **bedeutendste Jazz-Event Europas** zum 42. Male statt. Wie sich die Vertreibung aus der volkstümlichen Spielstätte Kulturpalast im Herzen der Elbestadt auf das Dixielandfestival auswirkt, wird die Zukunft zeigen.

Dixieland im Kulturpalast in Dresden

Stammt der Dollar aus dem Erzgebirge?

Im 15. Jahrhundert wurden um **Schneeberg** und **Annaberg** ergiebigste Silbervorkommen entdeckt, das „Zweite Berggeschrey" setzte ein. So unvorstellbar hart, wie die Arbeitsbedingungen in den mittelalterlichen Bergwerken auch waren, mussten sie doch besser als im flachen Land gewesen sein.
Die Einkünfte des Silbererzbergbaus spiegelten sich im Reichtum der in rascher Folge entstehenden Bergstädte wider. Noch heute nehmen sich die gotischen Hallenkirchen ebenso wie die Bürger- und Rathäuser der Renaissance prachtvoll gegenüber vergleichbaren Bauten in anderen Teilen Deutschlands aus. Dabei waren die Bedingungen im gebirgigen Gelände schwierig, ganz abgesehen von den klimatischen Voraussetzungen. Zu damaliger Zeit kamen etwa 40 Prozent des europäischen Silbers aus kursächsischer Förderung. Erinnert sei daran, dass der Kontinent damals analog zum Euro eine Leitwährung besaß: das Silbergeld. Die Bergstädte verarbeiteten das Silber zu Münzen. In besonders großen Mengen fand der seit 1519 im Nordböhmischen geprägte „Joachimsthaler" Verbreitung. Als **Thaler** (Taler) setzte er sich auf dem Geldmarkt gegen die Bezeichnung **Guldengroschen** durch, war bis 1907 in Deutschland Zahlungsmittel und bildet den Wortursprung des **Dollars**.

Silberraffinerieherd im Erzgebirge

Drahtseilbahn nach Augustusburg

Mit ihrer Steigung von über 20 Prozent überwindet die Drahtseilbahn Erdmannsdorf-Augustusburg auf 1237 Metern einen Höhenunterschied von 168

Metern. Das technische Denkmal wurde 1911 eingeweiht. Von der Talstation am Bahnhof im **Zschopautal** dauert die Fahrt zu dem reizvollen Bergstädtchen mit der weithin bekannten gleichnamigen Burg acht Minuten. Die Fahrtgeschwindigkeit von elf Stundenkilometern ist offenbar ein Anreiz, denn seit 2006 wird jährlich der Drahtseilbahnlauf „**Mensch gegen Maschine**" veranstaltet. Mit den Läufern kann die Drahtseilbahn, die inzwischen über mehr als einhundert Jahre verkehrt, nicht mehr mithalten. Daniel Rockhoff vom Lokalverein TSV Flöha schafft die Strecke locker in 6:21 Minuten.

Die Engel der Sixtina

Zahlreiche Gemälde oder Maler genießen einen hohen Bekanntheitsgrad in der Welt. Zu ihnen gehört zweifellos die „**Sixtinische Madonna**", die genau vor einem halben Jahrtausend in der Werkstatt des Meisters **Raffaelo Santi**, hierzulande meist Raffael genannt, entstand. Kein Geringerer als Papst Julius II. beauftragte das Werk für den Hochaltar der Kirche San Sisto in Piacenza. 1754 ließ der Wettiner Friedrich August III. das Gemälde ankaufen. Beim Anblick der idealisierten und sehr weiblichen Mutter Maria ließ der König seinen **Dresdner Thron** zur Seite rücken mit den Worten: „**Platz da für die Madonna!**" Die Begeisterung für eine der wohl schönsten Frauen der Menschheitsgeschichte teilen wir noch heute. Durch Puschkin und Dostojewski wurde das Werk in Russland und selbst im fernen Kasachstan berühmt.
Dennoch steht die Madonna noch im Schatten jener beiden Puttenfiguren am unteren Bildrand. Erstmals sollen sie 1803 aus dem Gemälde ausgekoppelt worden sein.

Zwischen Kitsch und Kunst

Die **Puttenfiguren** haben zwischen San Francisco, Buenos Aires oder Tokyo eine außerordentliche Karriere durch die Höhen und Tiefen von Kunst und Kitsch genommen. Auf T-Shirts, Tassen, Kästchen, Rollos und unendlich vielen Postkarten erfreuen sie die Herzen ihrer Besitzer. Selbst in die **Sesamstraße** fanden sie als **Ernie** und **Bert** Eingang. Kaum jemand weiß, dass ausgerechnet diese beiden Engel kein Werk Raffaels sind. Schon 1768 hatte Carl Heinrich von Heinecken erste Zweifel an ihrer Echtheit erhoben. Eine Röntgenuntersuchung des Jahres 1983 brachte schließlich den Beweis: Die beiden Puttenfiguren wurden erst im Nachhinein auf die bereits fertigen Wolken gemalt. Doch wer würde wohl heute die Engel der Sixtina aus der Hand eines unbekannten Meisters wegretuschieren wollen?

Interkontinentalflughafen Flughafen Leipzig-Halle

Bereits im Jahr 1927 wurde am Standort Schkeuditz mitten im Ballungsraum zwischen Leipzig und Halle ein Flughafen eröffnet. Nach großen Investitionen ging hier im Jahr 2000 der Interkontinentalflughafen in Betrieb. Ab 2008 firmiert dieser aus Marketinggründen als Leipzig/Halle Airport. Seit dieser Zeit fungiert er als Hub für internationale Luftfracht. Während die Fluggastzahlen seit Mitte der 1990er-Jahre stagnieren, rangiert der Airport im Fracht-

verkehr heute innerhalb der Bundesrepublik an zweiter Position.
Weniger bekannt ist, dass Leipzig-Halle den **NATO-Streitkräften** als logistisches **Drehkreuz** zwischen Nordamerika und Irak sowie Afghanistan dient. Hunderttausende Soldaten landen jährlich auf dem Weg zu Kriegseinsätzen in Nahost oder zurück in die Heimat in Schkeuditz zwischen.

Gebirgsbahn nach Frauenstein

Ein mustergültig sanierter Bahnhof erinnert in einem kleinen Städtchen hoch oben auf dem Erzgebirgskamm an ein längst vergangenes Kapitel Bahngeschichte. Nach ersten Planungen einer bis Böhmen führenden Bahnstrecke in den 1860er-Jahren wurde die Trasse von **Klingenberg-Colmitz** am Rande des Tharandter Waldes nach **Frauenstein** 1898 eingeweiht. Vor allem Winterurlauber in die Hochlagen des Erzgebirges und Güter wurden mit dem Bähnle befördert. Auf knapp 20 Kilometern Länge erklommen die Züge einen Höhenunterschied von 218 Metern. Die klimatischen Verhältnisse waren außerordentlich schwierig – bis zu vier Meter hohe Schneewehen blockierten die Trasse. So galt es als eine Art Wetterregel in Frauenstein: „**Bevor die Bahn nicht entgleist, ist der Winter nicht vorbei!**“ Am 20. Oktober 1971 sprang die Lokomotive neuerlich aus den Schienen. Es sollte ihre letzte Fahrt gewesen sein. Fortan übernahmen Busse den Verkehr durch das **Bobritzschtal**.

Fürstenzug zu Dresden

Die 23000 Fliesen des Fürstenzugs in Dresden bilden das **größte Porzellanbild der Welt**. Entstanden ist das 102 Meter lange Kunstwerk im Rahmen der Vorbereitungen auf das 800-jährige Jubiläum des Hauses Wettin.

Fürstenzug in Dresden

Ab 1907 in Porzellan

Der Historienmaler Wilhelm Walther nutzte zunächst die Sgraffitotechnik, eine haltbare Putzkratztechnik und stellte 1872–1876 die damals bekannten 35 Vertreter der Dynastie zu Pferde dar. Nur der erste Herrscher – Heinrich I. und der letzte – Friedrich August III. – fehlen auf dem Wandbild. Dem Zug der Regenten folgen 59 sächsische Künstler, Wissenschaftler, Bauern, Handwerker sowie Kinder, am Ende läuft auch der Künstler selbst. Unter den 94 Personen befindet sich ein Mädchen – ansonsten war Sachsen in der damaligen Reflektion wohl eine reine Männergesellschaft. Der Fürstenzug verzeichnet auch die Namen der Regenten sowie die Jahre ihrer Regierung. Walther gab ihnen die jeweils zeitgenössische Bekleidung und Bewaffnung und suchte gar, sich in der Darstellung der Malweise der jeweiligen Epoche anzunähern. Nach etwa 30 Jahren waren erste Schäden an dem Kunstwerk unübersehbar. In die Überlegungen, dem noch lebenden Künstler die Restaurierung anzutragen, kam das Angebot der Meißner

Porzellanmanufaktur, für 60 000 Taler das Gemälde auf Porzellan zu brennen. 1907 zeigte sich der Zug der sächsischen Fürsten auf der Rückseite des Langen Gangs zur Augustusstraße in neuer Schönheit. 1945 blieb das Porzellanbild weitgehend unversehrt, die Kriegsschäden verschwanden im Zuge der Restaurierung 1978–1980 ganz.

Geigen und Akkordeons aus dem Musikwinkel

Musikinstrumenten-Museum in Markneukirchen

Es mutet schon eigenartig an – weder gab es hier große Orchester noch berühmte Komponisten, dennoch genießen **Klingenthal** und **Markneukirchen** als „Musikwinkel" eine **weltweite Anerkennung**.
Religiöse Säuberungen der Habsburger im Verlauf des Dreißigjährigen Krieges führten im 17. Jahrhundert im Grenzland zur Ansiedlung von sogenannten Exulanten. Unter ihnen waren Geigenbauer aus Böhmen, die in Markneukirchen 1677 die **erste deutsche Geigenmacherinnung** gründeten. Die Musikinstrumentenherstellung verzeichnete alsbald ein steiles Wirtschaftswachstum. Im 18. Jahrhundert komplettierten Saiten-, Waldhorn- und Pfeifenmacher das Angebot. Klingenthal entwickelte sich ab 1829 zum Zentrum der Mundharmonikaindustrie.

Akkordeonbau – weltweit 75% aus Markneukirchen
Als „**Global Player**" hatten die vogtländischen Städtchen schon damals unter der Globalisierung zu leiden: Als Folge des US-amerikanischen Bürgerkrieges ging der Absatz der Geigenbauer rapide zurück. So trat ab Mitte des 19. Jahrhunderts der **Akkordeonbau** in den Vordergrund. Jährlich nahmen hunderttausende Instrumente den Weg über den „Großen Teich". Welche internationale Bedeutung der Musikwinkel hatte, zeigt die Einrichtung einer US-amerikanischen Konsularagentur 1893 in Markneukirchen. Sage und schreibe **75 Prozent** der weltweiten Produktion von Saiteninstrumenten kamen vor dem Ersten Weltkrieg von hier! Heute widmen sich Museen u. a. in **Klingenthal**, **Zwota** und **Markneukirchen**, wo die größte Geige der Welt präsentiert wird, der ruhmreichen Geschichte des Musikwinkels.

Göltzschalbrücke und Elstertalbrücke

Bereits 1841 gründete sich eine private Gesellschaft für den Bau einer sächsisch-bayerischen Ferneisenbahnstrecke von Leipzig nach Hof. Die

Elstertalbrücke in einem zeitgenössischen Stich

Bauarbeiten gingen recht zügig vonstatten, so dass zwischen 1842 und 1846 die Inbetriebnahme der Abschnitte von Leipzig und ins vogtländische Reichenbach erfolgen konnte. Dann aber scheiterte das private Konsortium an zwei „unüberbrückbaren" Tälern – dem der **Göltzsch** und dem der **Weißen Elster**.
Schließlich trat 1847 das Königreich Sachsen in die Pflicht. Mit der 574 Meter langen und 78 Meter hohen **Göltzschtalbrücke** wurde in vielerlei Hinsicht Pionierland beschritten.

Erstmals in der Welt
Aus rein wirtschaftlichen Erwägungen wurde für den Brückenbau nach damaligen Verhältnissen das ungewöhnliche Brückenbaumaterial Ziegel verwandt, denn es gibt im Umfeld große Lehmvorkommen. Professor Johann Andreas Schubert vollführte das kühne Brückenbauwerk erstmals in der Welt auf der Grundlage statischer Berechnungen. Wegen ungünstiger Baugrundverhältnisse wurde von der regelmäßigen Reihung der Bögen abgewichen und es entstand ein mittiger Bogen mit der Spannweite von fast 31 Metern. Die **Göltzschtalbrücke** galt zu Bauzeiten als höchste Eisenbahnbrücke und ist heute noch die **größte Ziegelsteinbrücke der Welt**. Zeitgleich wurde 1846–1851 die neun Meter niedrigere Elstertalbrücke errichtet. Im Unterschied zur Göltzschtalbrücke wurde dieses Bauwerk in einer rhythmischen Abfolge von sehr großen und kleineren Bögen vollführt. Unter der gewaltigen Elstertalbrücke führt neben der Weißen Elster seit 1875 auch die Elstertalbahn hindurch.

Grünes Gewölbe im Residenzschloss
Seit dem 16. Jahrhundert sammelten die sächsischen Kurfürsten und Kö-

nige in der „Geheimen Verwahrung" all das, was ihnen wertvoll erschien. Bewahrt wurde der Schatz im Westflügel des Residenzschlosses, wo sich das Erdgeschoss durch purpurne Decken und malachitgrüne Säulen und Kapitelle auszeichnete: das **„Grüne Gewölbe"**. Eine planmäßige Sammeltätigkeit über viereinhalb Jahrhunderte macht die Dresdner Kunstsammlungen zu der **ältesten Einrichtung** ihrer Art in der Welt. Bereits 1724 wurde das Grüne Gewölbe der Öffentlichkeit zugänglich gemacht. Es kann damit als **erstes Museum** überhaupt gelten. Parallel ließ August der Starke seine Wunderkammer prachtvoll und brandsicher ausbauen und erweitern. Sechs der neun Säle des Grünen Gewölbes überstanden den Feuersturm von 1945 unversehrt – als einzige Innenräume in der Dresdner Innenstadt!

Hochentwickelte Kunstfertigkeit
Die heute **umfangreichste Pretiosensammlung Europas** im „Grünen Gewölbe" zeichnet sich durch außerordentlich prachtvolle und sicher oft unnütze Gegenstände aus: Kein Mensch braucht einen vierhundertzwanzig Jahre alten Kirschkern mit 185 Gesichtern – und doch drückt sich ein jeder Besucher die Nase an der Lupe platt. Der „Hofstaat zu Delhi am Geburtstag des Großmoguls Aurang-Zeb" mit allein über fünftausend Diamanten ist das bedeutendste bildhauerische Werk der Chinamode um 1700. Das „Goldene Kaffeezeug" gilt als erstes Kaffeeservice und reichte für eine Tafelrunde von vier Personen. Der Hofjuwelier Dinglinger kannte zu dessen Entstehungszeit das Geheimnis der Porzellanherstellung noch nicht. So wurden goldene Tassen von außen emailliert, auf dass sie dem weißen Gold aus Fernost ähnelten. Das Kaffeeservice samt Tischschmuck kostete dann auch beinahe so viel wie der, einem Neubau gleich kommende, Umbau des Moritzburger Schlosses. Passend zum Gewölbe gehört der **„Dresdner Grüne Diamant"** mit 41 Karat zu den **größten in der Welt**. Der **„Mohr mit Smaragdstufe"** oder **„Das Bad der Diana"** geben bis heute Zeugnis der hochentwickelten Kunstfertigkeit ihrer Zeit ab.

Kathedrale des Eisenbahnzeitalters – der Leipziger Hauptbahnhof

Typisch für das frühe Eisenbahnzeitalter, endeten die Stichstrecken der Eisenbahn bis ins frühe 20. Jahrhundert hinein am Rande des Leipziger Zentrums im Dresdner, Eilenburger, Bayerischen, Thüringer und Magdeburger

Leipziger Hauptbahnhof

Bahnhof.
Der flächenmäßig **größte Kopfbahnhof Europas** entstand 1902–1915 nordöstlich der Innenstadt und wies zur Stadt ein 298 Meter langes Empfangsgebäude auf. Wegen der Konkurrenz der preußischen und sächsischen Eisenbahnen entstanden zwei große Empfangshallen. Der Wiederaufbau nach schwersten Kriegszerstörungen dauerte bis 1965 an. Nach der Wende wurde unter dem gewaltigen Querbahnsteig in zwei Etagen ein Einkaufszentrum erbaut. Nach zehnjähriger Bauzeit wird der Hauptbahnhof 2013 durch den umstrittenen, milliardenschweren Citytunnel zum kombinierten Kopf- und Durchgangsbahnhof.

Hellerau leuchtet

Hellerau – Aufbruch in die Moderne

Der Brite Ebenzer Howard hatte mit dem 1898 erschienenen Werk „Garden-Cities of Tomorrow" für höchstes Aufsehen gesorgt. Die von ihm 1903 verwirklichte Gartenstadt Letchworth gab den entscheidenden Impuls für **Hellerau**.
1909 begannen hier die Arbeiten zur Errichtung der **ersten deutschen Gartenstadt** sowie der Deutschen Werkstätten für Handwerkskunst Dresden GmbH. Die Initiative für die in späteren Jahren weithin berühmte Fabrikation ging von dem erfolgreichen Dresdner Möbelindustriellen Karl Schmidt und der 3. Deutschen Kunstgewerbeausstellung 1906 in Dresden aus. Die bis 1914 errichtete Gartenstadt war jedoch auch die Reaktion auf unkontrolliert wuchernde, lichtlose Mietskasernen-Vorstädte, die seit der Gründerzeit im Deutschen Reich entstanden waren.

Gesunde Lebensverhältnisse für alle
In **Hellerau** passte **Richard Riemerschmid** die Verkehrs- und Wohnstraßen in malerisch gekrümmten Führungen dem Gelände an. Die mit einem Garten zur Selbstversorgung ausgestatteten „**Kleinhäuser**" hatten den **sozialen Anspruch**, **gesunde Lebensverhältnisse** auch für weniger gut betuchte Schichten zu ermöglichen. Dieser Aufgabe widmeten sich außerordentlich namhafte Reformarchitekten wie Riemerschmid, Hermann Muthesius und Heinrich Tessenow. Von Letzterem stammte auch das 1910 errichtete Festspielhaus auf der grünen Wiese.

Gartenstadt Hellerau

Vor dem Ersten Weltkrieg betrieb Émile Jacques-Dalcroze hier die Bildungsanstalt für Musik und Rhythmus, die den deutschen Kulturbetrieb revolutionierte. Bis 1914 zogen die jährlichen Festspiele Vertreter der Kulturelite wie Emil Nolde, George Bernard Shaw, Franz Kafka, Oskar Kokoschka, Henry van de Velde, Sergej Pawlowitsch Djagilew, Stefan Zweig und Upton Sinclair nach Hellerau.

Herrnhuter Sterne

Herrnhut in einer historischen Darstellung

Sie gehören weit über die Grenzen Deutschlands hinaus zur weihnachtlichen Symbolik – die zumeist fünfundzwanzigzackigen **Sterne Bethlehems** aus **Herrnhut**. Wo aber kommen sie her?
Ein Landstädtchen tief im Osten Sachsens verdankt seine Entstehung der Aufnahme böhmischer Glaubensflüchtlinge durch den Grafen Nikolaus Ludwig von Zinzendorf. 1722 gewährte dieser der Brüdergemeinde Asyl in seinem **Gut Berthelsdorf** und unterstützte sie nach Kräften. Die Brüder stellten ihre Gemeinschaft unter die Obhut des Herrn – daher die Bezeichnung Herrnhut.
Bekannt sind die seit eineinhalb Jahrhunderten von den Brüdern in Handarbeit gefertigten Sterne. Sie nehmen von Ostsachsen in einer jährlichen Stückzahl von rund einer viertel Million ihren Weg in die Welt. Die Sterne erwärmen – wie schon seit 1821 – die Herzen der Menschen in der Weihnachtszeit.

Wirkt heute in 30 Staaten
Graf Nikolaus Ludwig von Zinzendorf vererbte 1760 nach seinem Tod seinen Besitz der Gemeinschaft. Ihr religiöses Wirken zog rasch weitere Mitglieder an, das Gut entwickelte sich zu einer Handwerkersiedlung und erhielt 1929 das Stadtrecht verliehen. Die Straßenzüge sind heute geprägt durch barocke Bürgerhäuser, die von der Kirche mit dem Gemeindesaal und dem Vogtshof als Sitz der evangelischen Brüder-Unität im schlichten „**Herrnhuter Barock**“ dominiert werden. Kirche und Gemeinde waren nahezu identisch, was ihre Missionstätigkeit nach 1732 in Europa und Übersee begünstigte. Unter der Bezeichnung Moravian Church wirkt die Brüdergemeinde heute in 30 Staaten, darunter in Tansania, Nepal, Surinam, Estland und den Vereinigten Staaten. Im Jahr 2012 gab die Brüder-Unität zum 282. Mal die Herrnhuter Losungen heraus.

Hungern im Luxus

Die **Sächsische Schweiz** ist eine Region von bizarrer landschaftlicher Schönheit, die für Heerscharen von Wanderern mit Rucksack – neudeutsch Backpacker – und roten Kniestrümpfen steht. Lange Zeit galt das **Elbtal** gar als schwer bezwingbare Wildnis durch das – im Mutterland des Automobils – bis heute keine durchgehende Straße führt. Luxus ist hier also Fehlanzeige, eher gibt es **gutbürgerliche Ausflugslokale** und **schlichte Pensionen** für den Wanderer.

Doch halt! In **Bad Schandau** hat mit der Sanierung des traditionsreichen Hotels „**Elbresidenz**" ein Hort der Annehmlichkeiten Einzug gehalten. An dem historischen Elbübergang siedelten sich bereits im 19. Jahrhundert Pensionen und Gasthäuser an. Nach dem Zweiten Weltkrieg erholten sich in den Häusern der Gewerkschaft Werktätige von ihrer Arbeit in den volkseigenen Betrieben. Das Jahrhunderthochwasser 2002 sollte allen Hotels den Garaus machen. Im Jahr 2007 wurde aus vormals elf Häusern zwischen dem Markt von Bad Schandau und der Elbe das besagte **Fünf-Sterne-Hotel**.

Karge Kost – doch herrlicher Blick über die Elbe

Bad Schandau hat sich in der Vergangenheit vor allem als Kneippkurort einen Namen verschafft. So wurde inmitten der Natur die Idee für ein „**Vital-Fasten**" geboren, wie man „Hungern im Luxus" auch bezeichnen kann. „Fasten schafft hier schnelle Abhilfe und befreit den Körper nicht nur von überschüssigen Pfunden, sondern reinigt auch und fördert das seelische und geistige Wohlbefinden", verspricht das Haus.

Als Gaumenkitzel locken dann neben klaren Gemüsesuppen auch Obst-, Gemüsesäfte, stille Mineralwässer sowie Basen-Tees. Immerhin wird zum Abschluss der einwöchigen Kur eine Aufbaukost offeriert. Ob Saunalandschaft, Sonnenterrasse und herrlicher Elbblick für die karge Kost ausreichend entschädigen?

Chemnitzer Industriearchitektur

Im 19. Jahrhundert machte **Chemnitz** als **„sächsisches Manchester"** Furore. Noch vor dem Ruhrgebiet entstanden hier die **ersten echten Fabriken** Deutschlands. Die Symbolik großer Werkhallen, rauchender Schornsteine und die Armut des Proletariats lassen uns heute eher mitleidig an diese Ära denken.

Industriemuseum Chemnitz (Foto CWE)

Die nähere Betrachtung von Fabrikhallen im Burgenstil oder sanierten expressionistischen Verwaltungsbauten macht jedoch deutlich, dass das

Industriezeitalter in Chemnitz durchaus für Wohlstand stand. 1830 zählte Chemnitz ganze 15 000 Einwohner, ein Jahrhundert später erreichte es seinen Höchststand von 361 000 Bewohnern. Eine Explosion der Bevölkerung um das 24-Fache (!) ist alles andere als ein Zeichen mangelnder Attraktivität.

Kathedralen des Industriezeitalters
Der Beitritt zur Bundesrepublik sorgte auch in **Chemnitz** für harte wirtschaftliche Einschnitte. Gleichzeitig rückten die Denkmale der **Fabrikarchitektur** vergangener Epochen in den Fokus der Besucher, weil sie gerade hier eine beispielhafte Qualität erreichten. Überall im Stadtbild sind die Kathedralen des Industriezeitalters sichtbar: Die Maschinenfabrik Schubert & Salzer AG mit dem prägnanten Uhrenturm, das erste Hochhaus von Chemnitz der Weberei Cammann & Co. aus dem Jahre 1925/26, die Wanderer Werke AG oder auch die **alte Markthalle** von 1891.
In den Hallen der Werkzeugmaschinenfabrik der Gebrüder Escher zog nach der Sanierung 2003 das **Sächsische Industriemuseum** ein. Zu den Exponaten gehören eine gewaltige **Dampfmaschine** von 1896, die **Spinnmaschine** „Jenny", eine **Dampflokomotive** der Hartmann-Werke oder Zeugnisse der Chemnitzer Tradition als Standort der **Automobilindustrie**.
In andere Industriebauten zogen inzwischen Büros, Lofts oder gastronomische Einrichtungen ein und machen auf andere Art **Chemnitzer Architekturgeschichte** lebendig.

Insektensammlung in Rammenau

Die Familie **von Hoffmann** ersteigerte 1744 das **Schloss Rammenau**. Der junge Johann Centurius von Hoffmann erbte das Anwesen 1788. Der studierte Geograf bereiste u. a. Portugal, Italien und Österreich und legte die mit 16 000 Exemplaren bis dahin **weltweit größte Insektensammlung** an. Sie ist heute in Berlin beheimatet und nur in Teilen im Schloss zu sehen. Von Hoffmann war der Gründer des Zoologischen Museums in Berlin (1809). Seinem Bestreben war auch die Anlage des Landschaftsparkes um das Barockschloss Rammenau zu danken.

Eine Straßenbahn im Felsental – die Kirnitzschtalbahn

Straßenbahnen verkehren gerade in den neuen Bundesländern in vielen Städten. Einzelne Strecken führen auch von Ort zu Ort über Land. Doch eine Straßenbahn für ein lauschiges Nationalparktal mit Mühlen gibt es nur in **Bad Schandau**, welches dadurch auch als kleinste deutsche Gemeinde mit einem selbstverwalteten Straßenbahnbetrieb gilt.

Fotovoltaik und ahnungslose Touristen
Die so genannte **Kirnitzschtalbahn** zum **Lichtenhainer Wasserfall** nahm als reine Ausflugslinie bereits 1898 den Betrieb auf. Anfänglich sollte die Strecke sogar als Ringbahn über Hinterdittersbach und Herrnskretschen

ausgebaut werden. Von der Eröffnungsfahrt an wurden auf der kurvenreichen Strecke Entgleisungen zu einer Herausforderung. Doch auch ein folgenschwerer Brand, mehrere Überschwemmungen, ein Zusammenstoß stellten die Kirnitzschtalbahn immer wieder infrage.

Kirnitzschtalbahn

Furore machte die Strecke, als 1993 eine **Fotovoltaikanlage** eröffnet wurde, die rund 30 Prozent des Stromverbrauchs der Bahn liefert. Der komplette Wagenpark stammt aus DDR-Zeiten, so dass der ohnehin nostalgischen Strecke in Zeiten von hypermodernen Niederflurwagen ein Hauch Romantik beiwohnt. Gelegentlich versetzt das Bähnle auch ahnungslose Touristen in Angst und Schrecken, wenn es talab den Fahrzeugen vermeintlich auf der „**falschen Seite**" entgegenkommt...

Großes Fass zu Königstein

Im 18. Jahrhundert entwickelte sich ein Wettstreit zwischen dem sächsischen und dem pfälzischen Kurfürsten um den Besitz des größten hölzernen Weinfasses. Standorte waren jeweils das **Heidelberger Schloss** sowie die **Magdalenenburg** auf der **Festung Königstein** in Sachsen. Im Prinzip behielten die Sachsen die Nase vorn: Das dritte Heidelberger Große Fass von 1727/28 fasste 202 000 Liter, wurde jedoch 1751 vom vierten Heidelberger Fass mit knapp 222 000 Litern Fassungsvermögen übertroffen. Ganz dicht war es nie und wurde daher nur dreimal wirklich gefüllt.

Größer als das Fass in Heidelberg

Kein Geringerer als **Matthäus Daniel Pöppelmann** schuf die Entwürfe für den Bau des **Großen Königsteiner Fasses**, welches von Böttchern und Küfern 1722–1725 erbaut wurde. Sein Fassungsvermögen betrug unglaubliche 249 838 Liter. Stolz verkündete Pöppelmann seinem Auftraggeber, August dem Starken, den Erfolg: „3709 sächsische Eymer, 640 Eymer mehr als das Fass zu Heidelberg".

Als Material hatte er Görlitzer Eichenholz gewählt. 32 eiserne Reifen hielten das elf Meter hohe und zehn Meter lange Prachtstück. Einen Haken hatte die Angelegenheit: Tatsächlich mit sächsischem Landwein gefüllt wurde das Riesenfass nur einmal. Bereits 1770 fing es an zu faulen und musste 1818 wegen Baufälligkeit abgerissen werden. Das Heidelberger Fass hingegen ist heute noch zu besichtigen.

Der Wasserfallzieher von Lichtenhain

Station Lichtenhainer Wasserfall

In einem romantischen Seitental der Elbe befindet sich ein **Wasserfall**, der dem Chronisten zufolge nunmehr zweihundert Jahre Besucher anzieht: Von **Lichtenhain** ergoss sich seit jeher der kleine Dorfbach über mehrere Felsen hinab zur Kirnitzsch. Die geschäftstüchtigen Einwohner erkannten die Chance und stauten das Gewässer 1830 mit einem kleinen Wehr an. Ein Bürger pachtete das Amt des „Wasserfallziehers". Gegen ein Entgelt öffnete er vor den Fremden für ein paar Minuten die Schleuse. Fortan stürzte das Wasser spektakulär in die Tiefe.

Aus einer Rindenhütte verkaufte der Pächter zusätzlich Butterbrote und Getränke. Das Geschäft florierte, so dass er 1852 das prachtvolle Fachwerkgebäude des Gasthofes errichten konnte. Der Weg hierher und weiter zum Kuhstall oder Prebischtor war recht beschwerlich, dafür konnte der Gast Saumtiere, Wanderführer und Sesselträger mieten. Zumindest die Anreise erleichterte sich mit der 1898 eröffneten Kirnitzschtalbahn erheblich. Dass der Gastwirt etwas von Marketing verstand, bewies die Bezeichnung „**Großer Wasserfall**" für deren Endstation.

Wichtige Sehenswürdigkeiten der Sächsischen Schweiz
Der **Lichtenhainer Wasserfall** entwickelte sich zu einer der wichtigsten Sehenswürdigkeiten der Sächsischen Schweiz. Das kleine Naturschauspiel wird bis zur Gegenwart in Verantwortung des Gastwirts als Wasserfallzieher „betrieben". 1994 wurde das historische Wehr restauriert. Heutzutage öffnet sich das Wehr jede halbe Stunde mit musikalischer Untermalung, zum Schlussakkord ergießt sich der Wasserschwall über den Felsen.

Löbauer Turm

Schon in der Mitte des 19. Jahrhunderts galt der hoch aufregende **Löbauer Berg** als ein beliebtes Ausflugsziel in der Oberlausitz. Alsbald machten sich die Bürger Gedanken über die Errichtung eines Aussichtsturms. Damals, 1851, hatte der **Crystal Palace** auf der Londoner Weltausstellung höchste Aufmerksamkeit erregt.

Die Oberlausitzer ließen sich vom „gusseisernen" Fortschritt anstecken und verwarfen die zunächst geplante Ausführung in Stein. Doch schon damals waren die Kommunen finanzschwach. Obwohl 25 000 Taler fürwahr kein Pap-

Die Löbauer ließen sich beim Bau ihres Turmes von der Metallbauweise (Gusseisen) des Crystal Palace inspirieren

penstiel waren, sprang der Bäckermeister August Bretschneider großmütig in die Bresche und finanzierte das Vorhaben. König Friedrich August von Sachsen gab die Zustimmung, den Turm nach ihm zu benennen. Auch die königlichen Wappen durften zur Zierde Verwendung finden. Im Mai 1854 begannen die Bauarbeiten. Die gusseisernen Bestandteile des Turmes stammten aus dem **Eisenhüttenwerk Bernsdorf** und zeigten eine byzantinische und gotische Ornamentik.

Einzig erhaltener, ältester gusseiserner Turm
Nur fünf Monate Bauzeit brauchten die Bauarbeiter, so dass der Turm von **Löbau** mit seinen 120 Stufen eingeweiht werden konnte.
Unterdessen war der König beim Bergsteigen in Tirol tödlich verunglückt. So war es Bretschneider überlassen, die Tür zum 28 Meter hohen Turm zu öffnen. Zudem hatte er die Lizenz zum Betreiben der Gastronomie am Turm erhalten. Erste Sanierungsarbeiten einschließlich des Neugusses von Einzelteilen erfolgten 1964. 1993 wurde der Turm demontiert und seine Bestandteile gründlich saniert. Seit 1994 lädt der einzig erhaltene und somit wohl **älteste gusseiserne Turm in Europa** zum Ausblick über die Oberlausitz und das Zittauer Gebirge ein.

Mügeln, Mutzschen, Mailand ...

Im Mittelsächsischen Hügelland nahm die Königliche Sächsische Staatseisenbahn 1884 eine erste Schmalspur mit einer Spurbreite von 750 Millimetern in Betrieb. Bis 1911 entwickelte sich daraus ein rund 90 Kilometer langes Streckensystem. Der „**Wilde Robert**“ verband u. a. Meißen-Triebischtal, Lommatzsch, Döbeln, Oschatz und Strehla miteinander, aber auch kleinere klangvolle Orte wie Mutzschen, Nebitzschen, Neichen oder Glossen, Kemmlitz und Kroptewitz wurden erschlossen. Im Zentrum des Schienennetzes befand sich die Kleinstadt **Mügeln**. Der Bahnhof geriet dadurch für einen Schmalspurbahnhof außerordentlich groß. Die Bewohner rühmten sich gar des **größten**

Mügeln – in den 20er-Jahren, der größte Schmalspurbahnhof Europas

Schalspurbahnhofs Europas. In einer Mischung aus Zuneigung und Spott wurde der lebhafte Zugverkehr mit „Mügeln, Mutzschen, Mailand" gepriesen. Zwischen 1964 und 1972 fielen die meisten Abschnitte dem Kleinbahnsterben zum Opfer. Der Erhalt der Strecke zwischen Kemmlitz, Mügeln und Oschatz war der Förderung von Kaolin in Kemmlitz zu danken. Neben dem Rohstoff wurden in der Vergangenheit vor allem landwirtschaftliche Erzeugnisse der fruchtbaren Lommatzscher Pflege transportiert.

Förderverein sorgt für Wiederaufbau
Seit 1994 engagiert sich der Förderverein „**Wilder Robert**" für die Sanierung von noch bestehenden Baulichkeiten der Kleinbahn, sammelt und restauriert historische Bahnfahrzeuge und konnte sogar den Wiederaufbau der Strecke Nebitzschen-Glossen durchsetzen. 2001 wurde der Güterverkehr zwar endgültig eingestellt. Doch bis in die Gegenwart erinnern auf der Döllnitzbahn Schülerzüge und dampfbetriebene Sonderzüge an die große Vergangenheit des Mügelner Schmalspurbahnnetzes.

Leipziger Neuseenland

Eine direkte Wasserverbindung von der Innenstadt zum Cospudener See wurde im Juli 2011 eröffnet (Foto Claudia Gladisch)

Belantis, der 2003 eröffnete Freizeitpark in Leipzigs Süden, kann als Aushängeschild für den wohl **umfassendsten Landschaftswandel in Europa** gelten. Rund 100 Jahre lang wurde hier im Tagebau Braunkohle abgebaut und anschließend in übel riechenden Fabriken verarbeitet. Erste sichtbare Zeugnisse der Renaturierung entstanden in Witznitz und Kulkwitz noch zu DDR-Zeiten.
Seit der Wende entsteht nun durch Flutung der Restlöcher im „**Leipziger Neuseenland**" eine Seenkette, die alsbald zu den **attraktivsten deutschen Wassersportgebieten** zählen wird. Mit rund siebzig Quadratkilometern wird die Wasserfläche in Zukunft größer sein als die des bayerischen Tegernsees.
Schrittweise baute die Region dazu ihre touristischen Attraktionen aus: Im April 2007 wurde der Kanupark am Markkleeberger See eröffnet.

Vom Leipziger Zentrum zum Cospudener See
Der See gilt als **Europas modernste Wildwasserstrecke**. Seit dem Sommer 2001 verbindet eine Kanalstrecke mit zwei Schleusen das Leipziger Zentrum mit dem Cospudener See. Paddler und Kanuten schaffen sie in zwei bis drei Stunden, es sei denn, sie werden von den Cafés und Restaurants am

Wasserlauf aufgehalten. Der elf Kilometer lange Kurs führt vorbei an eleganten Villen und gepflegten Parkanlagen durch den Leipziger Auenwald mit seiner lebendigen Tier- und Pflanzenwelt. In nicht allzu ferner Zukunft soll zwischen Bitterfeld, Delitzsch und Leipzig ein schiffbarer Verbund von 200 Kilometern Länge entstehen.

Bahnhof Niederau

Im Jahr 2000 galt der **Bahnhof Niederau** als der **älteste in Betrieb befindliche Bahnhof** im deutschen Sprachraum.
Aktuell liegt der Dresdner Hauptbahnhof im Ranking der 80 bundesdeutschen Großstädte hinsichtlich der Erreichbarkeit auf einem schäbigen 75. Platz. Dabei galt die Verbindung **Leipzig–Dresden** nach Nürnberg–Fürth als zweite deutsche Bahnstrecke und darüber hinaus als **erste Fernbahn** überhaupt.

Leipziger Notenspur

Leipziger Notenspur (Foto LTM Katja Lochner)

Kaum eine andere deutsche Stadt ist gleichermaßen geprägt vom Schaffen berühmter Ensembles, Komponisten, Dirigenten und Sänger wie die Messestadt. So kam der Leipziger Professor Werner Schneider auf die Idee, deren Wirkungsstätten im Stadtbild als **Erlebnisroute** miteinander zu verbinden. Fünf Jahre gemeinsames Ringen brachten schließlich im Frühjahr 2012 den Erfolg: Seitdem schlängelt sich eine Notenspur an 23 original erhaltenen Wirkungs- und Wohnorten berühmter Komponisten durch die Stadt.
Den 5,3 Kilometer langen Weg weisen 160 im Boden eingelassene Metall-Intarsien. Je 13 Info-Stelen und Schilder bieten Erläuterungen oder führen zu der Klanginstallation in „**Kretschmanns Hof**". Wo sonst als am Markt sollte die Notenspur ihren Anfang nehmen und von dort aus den Besucher in die ganz eigene Welt der Konzertsäle, Musikverlage oder Komponistenhäuser bringen: u. a. das **Schumann-Haus**, die **Grieg-Begegnungsstätte**, das **Mendelssohn-Haus** sowie das **Bach-Museum Leipzig**. Nicht fehlen dürfen die **traditionsreichen Musikverlage** im Grafischen Viertel, die **Thomaskirche** mit dem **Bachdenkmal**, das **Museum für Musikinstrumente** sowie der Standort des **Geburtshauses von Clara Wieck**.

Das Leipziger Notenrad

Der Erfolg der Leipziger Notenspur brachte die Leipziger auf die Idee des „**Leipziger Notenrades**". Die Strecke besteht aus zwei großen Bögen und misst beinahe 37 Kilometer. Am Wege liegen zum Beispiel das **Gustav-Mahler-Haus**, das **Geburtshaus von Hanns Eisler**, die **Franz-Schubert-Stele** sowie der **Richard-Wagner-Hain**.

Erster Tunnel Europas
An dieser Strecke **Leipzig–Dresden** entstand 1842 bei dem Örtchen **Niederau** ein großzügiger Bahnhof. Den Grund bildete die Nähe zur Stadt **Meißen**: Die Reiselustigen konnten hier in einen extra bereitgestellten Wagen steigen, der jeweils an den Zug nach Leipzig angehängt wurde. Erst 1868 erhielt Meißen eine direkte Bahnverbindung über Borsdorf nach Leipzig. Die Bedeutung des Bahnverkehrs nahm zwar stetig zu, so dass sächsische Bahnhöfe oft mehrfach vergrößert werden mussten. Der **Bahnhof Niederau** konnte jedoch den Anforderungen des Ortes allezeit genügen. Anlässlich der Feierlichkeiten zum 150-jährigen Jubiläum erfolgte eine Renovierung des Bahnhofsgebäudes.
Im Rahmen der neuen Firmenpolitik jedoch stieß die Bahn das historische Bahngebäude zu Beginn des neuen Jahrtausends ab. Eine weitere Besonderheit für Bahnfreunde findet sich nahebei: Es war dem besonderen Wunsch des Königs geschuldet, dass für den Streckeneintritt in das Elbtal bei Oberau der **erste Tunnel** einer Vollbahn in Europa entstand. Dieser wurde bereits in den 1930er-Jahren geschlitzt, nur ein Obelisk erinnert heute noch an das historische Verkehrsbauwerk.

Nussknacker aus Seiffen in alle Welt

Nussknacker aus dem Erzgebirge

Der hölzerne **König aus dem Erzgebirge** mit der grimmigen Miene, rot, gelb oder blau bemalt, ist längst zum Synonym der **Nussknacker** schlechthin geworden. Dabei gibt es das Werkzeug zum Öffnen der harten Früchte bereits seit der Antike, dekorierte Bronzestücke wurden sogar als Grabbeilagen gefunden.
Im 18. Jahrhundert entstanden in Bayern und Südtirol dekorative Nussknacker. Doch den Durchbruch verdanken die grimmigen Gesellen dem Seiffener Zimmermann Wilhelm Friedrich Füchtner. Wie andere Handwerker im Erzgebirge nutzte er die langen Wintertage zur Herstellung putziger Holzfiguren. Um 1865 stellte er die Urform des erzgebirgischen Nussknackers her, der alsbald über den Dresdner Striezelmarkt seinen Siegeszug in die Welt antrat.

Rache an der Obrigkeit
Ursprünglich war die Gestalt des Nussknackers eine heimliche Rache an der Obrigkeit und in diesem Falle sogar an dem König! Der Nussknacker isst das Gute – den Kern der Nuss – und wirft dem Volk die wertlosen Schalen hin. Die Geschichte scheint zeit- und konkurrenzlos zu sein. Im US-Wahlkampf 2008 knackte die Figur Hillary Clintons mit ihren Knien eifrig Nüsse. Doch der Erfolg blieb hier aus, sowohl in der angestrebten Präsidentschaft wie auch als Maskottchen auf dem Markt.

Die Östlichste Stadt Deutschlands gibt uns die Zeit
Görlitz ist nicht allein die östlichste Stadt der Bundesrepublik. Die Kommune liegt noch dazu genau auf dem 15. Meridian. Daher ticken die Wecker zwischen Spanien und Polen sowie von Norwegen bis Italien nach der **Görlitzer Zeit**. Auch in Nigeria, Angola oder Kongo gilt diese Mitteleuropäische Zeit. Bis 1893 war im Deutschen Reich noch die Berliner Zeit verbindlich. Seit 1961 markiert in Görlitz ein Meridiandenkmal neben der Stadthalle den 15. Längengrad. Nach heutigem Stand der Vermessungstechnik müsste das Monument eigentlich um 137 Meter auf die Neißewiesen versetzt werden.

Osterreiten in der Oberlausitz
Als besonderer Brauch hält sich in den Dörfern um das Zisterzienserkloster **Sankt Marienstern** das Osterreiten. Bei der Prozession handelt es sich jedoch um kein katholisches Ritual, vielmehr ist die uralte Tradition heidnischen Ursprungs. Die österlichen Flurumritte sollten die jungen Feldsaaten vor bösen Geistern und schlechtem Wetter schützen. Von der Kanzel eiferten gar die Pfarrer gegen das Ritual und es kam zum „**Osterreiterkrieg**". Selbst nach Jahrhunderten kam die Kirche nicht gegen den **sorbischen Brauch** an. Sie hieß nun ihre Pfarrer, das Osterreiten mit dem Kruzifix und den christlichen Schutzheiligen der Orte zu segnen.

Osterreiten in Panschwitz-Kuckau

Auch heute zelebriert das sorbische Volk seine feierlich-liturgische Prozession nach mittelalterlichen Überlieferungen. Alljährlich werden die Pferde am Ostersonnabend sorgfältig geputzt, Mähne und Schweif geflochten. Die Reiter tragen einen festlichen schwarzen Gehrock, weiße Handschuhe und einen hohen Zylinder. Die Glocken läuten, mit weittragender Stimme hebt der Vorsänger an:

„Stanyl je horje Jezus Khryst, alleluja. Khwalmy Boha, alleluja!" (Auferstanden ist Herr Jesus Christ, halleluja. Loben wir Gott, halleluja).

Über die Äcker führt die Prozession in den Nachbarort. Hier wird dem Zug ein feierlicher Empfang bereitet, wozu natürlich auch ein Festmahl gehört. Im Kloster Sankt Marienstern hatte sich das Osterreiten schon in den 1920er-Jahren zu einer touristischen Attraktion entwickelt.

Passagen in Leipzig

Leipzig hat als **historische Messestadt von europäischem Rang** bis heute viele Besonderheiten aufzuweisen. Zu ihnen gehört ein in seiner Dichte einmaliges System von Passagen. Als Vorläufer gelten so genannte **Durchhöfe** zwischen zwei Straßen, wie einer bei **Kretschmanns Hof** überkommen ist. Die Fuhrwerke konnten dort auf die Grundstücke fahren, Waren schnell be- und entladen und ohne Wenden dieselben wieder verlassen. In der Weiterentwicklung dieser Idee entstand **Barthels Hof** als einheitlich gestaltetes, barockes **Durchhaus** mit Geschäften im Erdgeschoss und darüberliegenden Wohn- und Lagergeschossen.
Im späten 19. Jahrhundert wandelte sich Leipzig von der Waren- zur Mustermesse. Im Mittelpunkt stand nunmehr die effektvolle Präsentation in einer stilvollen Atmosphäre und weniger der direkte Verkauf an den Kunden. Für die neuen Anforderungen entstanden **Messehäuser**, die eine ganze Reihe von Grundstücken und bisweilen sogar einen ganzen Block, wie etwa das **Städtische Kaufhaus**, überbauten.

Perlen jener Zeit

Die Leipziger Mädlerpassage

Zu den Perlen jener Epoche gehört die 1911 bis 1914 errichtete **Mädler-Passage**, die dank der Weitsicht des Investors Anton Mädler das historische Lokal „**Auerbachs Keller**" einschloss. In dem Gebäudekomplex wurden fortan Porzellane, Leder und Weine gehandelt.
In der Hochzeit der 1920er-Jahre zählte die 500 Hektar kleine Leipziger Innenstadt 30 modern ausgestattete Messehäuser. Mit dem Bau des Messehauses am Markt um 1965 erhielt die Mädler-Passage sogar noch einen dritten Ausgang zum Marktplatz. Bei der Sanierung bis 1997 wurde der prachtvollen Architektur zu neuem Glanz verholfen. Mädler gilt heute weiter als erste Adresse in Leipzig. Infolge des neuen Messekonzeptes nach der Wende und der Verlegung der Messe 1996 wandelte sich die Funktion der Messehäuser. In die einstigen Ausstellungsräume zogen Geschäfte und Büros, Museen und Galerien ein. Mit ganz wenigen Ausnahmen sind die Passagen heute saniert und die Folgen mangelnder Unterhaltung zu DDR-Zeiten oder der Pleite des Bauspekulanten Jürgen Schneider von 1994 überwunden.

Pferdebahn von Döbeln

Im Jahr 1892 wurde die **Döbelner Pferdebahn** vom Hauptbahnhof bis in die Innenstadt eröffnet. Bei ihrer Betriebseinstellung 1926 galt sie als eine der letzten noch von Pferden betriebenen Straßenbahnen in Deutschland.
2002 gründeten 25 Enthusiasten einen Verein zur Wiederbelebung der Bahn. Auf etwa 550 Metern Länge bauten sie einen Streckenabschnitt in der historischen Innenstadt wieder auf. Seit 2007 verkehrt die **Touristenattraktion** im Sommerhalbjahr an jedem ersten Sonnabend im Monat. Als **Sensation** kann der Erhalt des Wagens Nr. 1 von 1892 bezeichnet werden. Er hatte die Zeiten als Gartenlaube überstanden und rumpelt, nach einer grundlegenden Restaurierung in Dresden, wie eh und je über den Döbelner Obermarkt.

Raddampfer auf der Elbe

Mit neun Dampfern aus der Bauzeit zwischen 1879 und 1929 betreibt die Sächsische Dampfschifffahrtsgesellschaft auf der Oberelbe die **älteste und größte Raddampferflotte der Welt**. In ihrer Blütezeit vor dem Ersten Weltkrieg verkehrten hier sogar 33 Schiffe. Die Dampfer spielten damals sogar eine wichtige Rolle im Berufsverkehr.

Der Schaufelraddampfer Krippen

Ältestes Schiff ist die „**Stadt Wehlen**“ von 1879. Bei einer Generalüberholung in den 1980er-Jahren mussten die überraschten Ingenieure feststellen, dass beim Bau des Schiffes „Diesbar“ im Jahr 1885 ältere funktionsfähige Ersatzteile Verwendung fanden. Seine Kurbelwelle bewegt den Dampfer noch heute. In das Gusseisen wurde der Schriftzug „Krupp bei Essen – 1855 – 10 Jahre Garantie“ eingeschlagen.

Barockes Juwel in der Lausitz – Schloss Rammenau

Rammenau verfügt über die **besterhaltene Rittergutsanlage** in Sachsen. Verglichen mit manchen der eher bescheidenen Adelssitze im benachbarten Preußen mutet das barocke Schloss wahrhaft grandios an. Allerdings stürzte es seinen Bauherrn Ernst Ferdinand von Knoch derart in Schulden, dass der Kammerherr am sächsischen Hofe schließlich vor seinen Gläubigern fliehen musste.

Verfehlte Wirtschaftsförderung

Es war auch die Zeit, in der Sachsen eine im Nachhinein als verfehlt zu bezeichnende Wirtschaftsförderung betrieb: Noch heute erinnern vielerorts Maulbeerhecken und -bäume an das Bestreben, in der Oberlausitz eine einheimische **Seidenproduktion** zu etablieren. Die Blätter des Maulbeerbaumes sollten als Futter für die Zucht des Seidenspinners dienen, aus dessen Kokons sich Seidenfasern gewinnen lassen.

Renaissance vom Feinsten – Görlitz

Im Mittelalter war **Görlitz** eine ausgesprochen wohlhabende Tuchmacher- und Händlermetropole. Die Industrialisierung wirkte sich weit weniger einschneidend als in vergleichbaren Städten aus, zumal die städtebauliche Entwicklung der Gründerzeit auf das Bahnhofsviertel gelenkt wurde. Selbst von den Kampfhandlungen des Zweiten Weltkriegs blieb Görlitz weitgehend verschont. Nach dem Motto: „Armut ist die beste Denkmalpflege", überdauerten hier rund 4000 Baudenkmale der Gotik, der Renaissance und des Barocks und stellen wohl das **größte Flächendenkmal der Bundesrepublik** dar.

Treuer Spender

Seit 1995 überweist ein unbekannter Spender jährlich **eine Million Mark** (ca. 500 000 Euro) für die Sanierung der Görlitzer Altstadt. Heute sieht sich die Stadt in einem seltsamen Zwiespalt: Während die Wirtschaft seit der Wende den Bach herunter ging und die Bevölkerung trotz Eingemeindungen um 28 Prozent abnahm, entwickelte sich das historische Zentrum rings um den Ober- und den Untermarkt zu einer Puppenstube.

Stadthalle Görlitz 1912

Inzwischen generiert die Stadt einen Zuwanderungsüberschuss durch Rentner, die hier in reizvoller Umgebung ihren Lebensabend genießen wollen. Dennoch scheint der Stern der Denkmalpflege zu sinken: Während das einmalige Jugendstilkaufhaus am Demianiplatz leer steht, werden elf wertvolle Baudenkmale unweit des Bahnhofes für einen Einkaufstempel geopfert.

Der Sachsenspiegel

Für die Bedeutung des **Klosters Altzella** bei **Nossen** spricht allein seine Rolle als Begräbnisstätte der Wettiner ab 1190. Um 1220 zeichnete Eike von Repgow hier die Rechtsgewohnheiten der Sachsen auf. Seine Niederschrift wird als „**Sachsenspiegel**" bezeichnet und gilt als **ältestes** und **bedeutendstes Rechtsbuch** des deutschen Mittelalters. Relativ „modern" widmet es sich dem Strafrecht, dem Familien- und Erbrecht sowie dem Lehnrecht für den Adel wie auch für die damals sehr bäuerlich geprägte Gesellschaft.

Saurierpark von Kleinwelka

Der Bildhauer Franz Gruß (1931–2006) begann im Jahr 1978 in seinem Garten in **Großwelka** mit dem Modellieren von Sauriern nach quasi wissenschaftlichen Methoden. 15 Jahre vor Steven Spielbergs Film sorgte der in Beton gegossene „**Jurassic Park**" in der Lausitz DDR-weit für Aufsehen. Ab 1981 baute Gruß den Saurierpark im benachbarten **Kleinwelka** als „Urzoo" auf und erhielt für sein Wirken bereits 1984 die **Leibnizmedaille**.

„Hilfe, die Saurier kommen!"
Nach der Wende entspann sich ein Streit um die Einnahmen aus dem Kleinwelkaer Saurierpark. So entwickelten sich ab 1991 zwei getrennte Ausstellungsflächen. 1999 hielten die Saurier Einzug in das **Guinnessbuch der Rekorde**. Heute erwarten den Besucher in den Bautzner Vororten Klein- und Großwelka über 200 Urzeit-Tiere in originaler Größe. Der Sauriergarten und der Saurierpark sind mit einer Eintrittskarte zu erkunden. „Hilfe, die Saurier kommen!", hieß es 1996 in der Kleinstadt Sebnitz, als Franz Gruß am Rande der Sächsischen Schweiz einen Urzeitpark eröffnete.

Die Schildbürger von Schilda

Im äußersten Norden Sachsens befindet sich das Städtchen **Schilda**. Die berühmteste hier geborene Persönlichkeit war der preußische Generalfeldmarschall **August Graf Neidhardt von Gneisenau**. Allerdings gelten die Schildaer auch als Vorbild für die Schildbürger. Der entsprechende Schwankroman „**Schildbürgerbuch**" datiert von 1598. Es gibt einige Orte in der Bundesrepublik, die gleichfalls als Ursprung der Geschichten gelten wollen. **Erich Kästner** bezog sich ausdrücklich auf das sächsische Schilda unweit von Torgau.

Schildbürgerstreich – Rathaus ohne Fenster
Viele Geschichten kursieren über die Schildbürger: Als sie etwa ein neues, pompöses Rathaus bauen wollten, vergaß der Architekt die Fenster. So blieb der Prachtbau innen stockduster. Die Versuche der Schildbürger, das Sonnenlicht mit Eimern einzufangen und ins Innere zu tragen, schlugen leider fehl…

Einzigartige Felsenlandschaft – die Sächsische Schweiz

Das Felsengebiet gehört zu den ältesten Klettergebieten überhaupt. Hier hatte im späten 19. Jahrhundert das „freie Klettern" seinen Ursprung, welches sich von Sachsen aus überall in der Welt verbreitete. Mit über 20 000 Routen an 1100 freistehenden Felsen gilt die **Sächsische Schweiz** als das wichtigste deutsche Klettergebiet.
Auch heute führt keine durchgehende Straße durch das canonartige, vielfach gewundene Tal der Elbe. Durch seine Lage im Nationalpark Sächsische

Die Festung Königstein Mitte des 19. Jahrhunderts

Schweiz wird sich daran auch in Zukunft nichts ändern. Das Elbsandsteingebirge zog viele Künstler in seinen Bann, wie dem Wanderer längs des vielleicht schönsten deutschen Wanderweges – des Malerweges – vermittelt wird. Manche Reiseführer versprechen „unberührte Natur". Die wird der Bastei-Besucher – Seite an der Seite mit zehntausend anderen Touristen – vielleicht nicht erleben. Der Bastei-Blick aber wird in jedem Guide mit der maximalen Sternezahl gewürdigt. Es gilt die Faustregel: Je weiter sich der Wanderer vom Elbtal weg bewegt, desto besser kann er die romantische Felsenlandschaft für sich allein genießen.

Schweizer Maler erfanden den Begriff
Der eine oder andere betrachtet die Bezeichnung „**Sächsische Schweiz**" als Ausdruck des Größenwahns der Sachsen, ihre vergleichsweise niedrigen Berge ausgerechnet auf eine Stufe mit den Alpen stellen zu wollen. Tatsächlich jedoch stammt die Bezeichnung von zwei Schweizern: Anton Graff und Adrian Zingg. Die beiden romantischen Maler lebten in Dresden und entdeckten im 18. Jahrhundert die damals kaum zugängliche Landschaft mit den bizarren Felsformationen für sich. Halb aus Heimweh und halb aus Respekt verliehen sie ihr den Namen ihrer Heimat.

Gleich zweimal – Sächsische Semmeringbahn

Eisenbahntunnel im Sebnitztal im 19. Jahrhundert

In Sachsen wurde 1857 der erste Abschnitt der **Windbergbahn** vom **Plauenschen Grund** bis **Possendorf** als damals Hänichener Kohlezweigbahn eröffnet. Nach einer Inspektionsfahrt rühmte König Johann den Bau vor Aktionären: „Nun, meine Herren, jetzt stehen wir den Österreichern in nichts mehr nach. Auch wir haben nun eine Semmeringbahn, eine **Sächsische Semmeringbahn**." (Siehe Text im Rahmen folgende Seite.) Zwischen **Freital-Birkigt** und **Kleinnaundorf** überwand die Bahn auf acht Kilometern Streckenlänge einen Höhenunterschied von 149 Metern.
Heute existiert nur noch der erste Abschnitt bis **Dresden-Gittersee**. Im Jahr 2006 ließ der Windbergbahn e.V. die „**Sächsische Semmeringbahn**" beim Deutschen Patent- und Markenamt als Wortmarke schützen. Doch der Volksmund lässt sich bekanntermaßen nichts verbieten, so bezeichnet man auch gern die **Sebnitztalbahn** als „**Sächsische Semmeringbahn**".

Zu ihrem Bau 1877 zwischen Neustadt und Bad Schandau wurden wegen ihrer Erfahrungen auch italienische Fachleute herangezogen. Auf 28 Kilometern Streckenlänge entstanden einschließlich der Elbquerung 27 Brücken sowie sieben Tunnel, darunter erstmals in Deutschland ein gebogener Viadukt in einer Steigung. Formell wird die gern von Touristen genutzte Eisenbahn heute „**Sächsisch-Böhmische Semmeringbahn**" genannt.

Vorbild Semmeringbahn
Die **österreichische Semmeringbahn** von 1854 gilt als die erste normalspurige Gebirgsbahn der Welt, was ihr 1998 zum Status des Weltkulturerbes verhalf. Die Verbindung über den Alpenkamm von Wien nach Italien sorgte damals weltweit für Aufsehen. In der Folge stand sie Pate für andere Strecken, die wegen ihrer Steigung, enger Radien, Tunnel, Brücken und Viadukten Beachtung fanden.

Sächsische Sprache

„Die **sächsische Sprache** gehet fein und leise ab", meinte **Martin Luther**. Ob es den übrigen Landsmannschaften nun passt oder nicht, der Reformator übersetzte die Bibel ins Meißnische und schuf damit die Grundlage der deutschen Schriftsprache, jawohl, eine sächsische Grundlage.
Bis ins 18. Jahrhundert galt die **obersächsische Kanzleisprache** als fein und wurde als Alternative zum Französischen etwa am schwäbischen Hofe gesprochen.

Goethe – ordentliches Deutsch in Leipzig
Weil der junge **Johann Wolfgang** in Hessen „recht ‚gebabbelt'" („babbeln", südhessisch reden) hatte, schickten ihn seine Eltern nach Leipzig, damit Goethe **ordentliches Deutsch** lerne. Mit dem Niedergang Sachsens ab dem Siebenjährigen Krieg und Preußens Gloria schwand auch das Ansehen dieser Sprache. Während der 40-jährigen deutschen Teilung war der Dialekt von Sachsen (und Thüringen sowie Sachsen-Anhalt) dem westdeutschen Ohr fremd, anders als die Sprache der Nordlichter oder der Berliner. Kein Wunder, dass in Zeiten des Kalten Krieges alle unliebsamen Personen in Filmen – ob Volkspolizist, Parteisekretär oder der Grenzer – zwangsläufig einen sächsischen Slang „holpern" mussten. Und selbst in der DDR war (Ost)-Berlin eifrig bemüht, die kulturelle Vormacht des sächsischen Kulturkreises einzudämmen. Wenn doch mal ein Film in Sachsen spielte, wie etwa der „Stülpner Karl" mit Manfred Krug im Erzgebirge, dann sprachen die Schauspieler berlinisch. Mit einer Ausnahme: Der Dorftrottel durfte sächsisch reden. So ist es nicht verwunderlich, dass das Sächsische bei aktuellen Umfragen noch hinter dem Schwäbischen als am wenigsten beliebter Dialekt gilt. Eine Hoffnung bleibt: Mit Fleiß und Geschick knüpfen die Sachsen wieder erfolgreich an einstige wirtschaftliche und kulturelle Glanzzeiten an. Auf die Dauer wird damit die Beliebtheit des Dialektes wieder ansteigen.

Ein Felsen voller Topas – der Schneckenstein

Der Schneckenstein ist zwar nur 23 Meter hoch, aber er hat es in sich: Im südöstlichen **Vogtland** gelegen, entdeckte der Tuchmacher Christian Kraut 1727 den Mineralienreichtum des Gesteins. Der Topasfelsen gilt als **einzigartig in Europa**. Daher wurde der Schneckenstein 1937 zum Naturdenkmal erklärt und der Abbau der gelben Kristalle – auch als **sächsische Diamanten** bezeichnet – gestoppt.

Steile Wand in Meerane

Die westsächsische Webereistadt **Meerane** war vor einhundert Jahren berühmt für ihre „**Schotten**".

Nach dem Zweiten Weltkrieg wurde die Stadt jedoch auch durch die „**Steile Wand**" bekannt. Diese 340 Meter lange Straße verdankt ihre Bezeichnung der mit zwölf Prozent recht extremen Steigung. Reporter tauften den Abschnitt während der jährlichen **Friedensfahrt**, die in den Nachkriegsjahrzehnten Zehntausende auf die Straßen lockte, in „Steile Wand" um. Auf der damaligen Bergstraße mussten die Radamateure einen Höhenunterschied von 30 Metern überwinden. Heute trägt die Bergstraße auch amtlich die Bezeichnung „Steile Wand". Nach den Höhepunkten der Friedensfahrt wurde 2010 wieder ein Juniorenbundesligarennen U19 in Meerane ausgetragen.

Stollenmesser

Ein besonderes Gebäck bedurfte auch einer besonderen Gerätschaft zum Anschnitt: 1730 ließ August der Starke seinen **1,8 Tonnen schweren Stollen** im Zeithainer Lager durch ein eigens für diesen Zweck angefertigtes **Stollenmesser** aufschneiden und teilen. Das silberne Werkzeug hatte eine Länge von 1,6 Metern und wurde fortan in der Hofsilberkammer aufbewahrt. Das Stollenmesser gibt es heute als originalgetreue – aber stark verkleinerte – Nachbildung in Sterling-Silber für den Hausgebrauch.

Auf dem Dresdner Striezelmarkt wird alljährlich das Stollenfest mit einem **2,5 Tonnen schweren Riesenstollen** zelebriert. Die Nachfertigung des Stollenmessers Augusts des Starken in den ursprünglichen Maßen ist wieder 1,6 Meter lang und wiegt heute zwölf Kilogramm.

Dresdner Striezelmarkt: Ausverkauf wegen Geschäftsaufgabe (Darstellung von Ludwig Richter)

Striezelmarkt Dresden

In der Adventszeit mutiert Dresden alljährlich zur deutschen Weihnachtshauptstadt: Die über 14 Meter hohe hölzerne Erzgebirgspyramide und die große Tanne schmücken den auf das

Jahr 1434 zurückzuführenden Striezelmarkt auf dem Altmarkt. Mit seinen 2,6 Millionen Besuchern (Christkindlesmarkt Nürnberg 2,3 Millionen im Jahr 2011) ist Dresden der mit Abstand meistfrequentierte deutsche Weihnachtsmarkt überhaupt. 233 Marktstände befinden sich auf dem Areal, zusätzlich bilden der Auftaktgottesdienst in der Kreuzkirche, das Stollen-, Pyramiden- und Bergmannsfest Anziehungspunkte. Ein beliebtes Symbol des Striezelmarktes ist der Pflaumenpantoffel.
Der Striezelmarkt gehört neben dem Bautzener Weihnachtsmarkt zu den **ältesten der Welt**, Nürnberg ging seine ersten Schritte erst zwei Jahrhunderte später.

Zwischen barock und alternativ
Inzwischen hat sich das **weihnachtliche Markttreiben** auch auf andere Teile der Stadt ausgebreitet. Dazu gehört mittelalterliches Handwerkertreiben im **Stallhof**, der **Neumarkt** um die Frauenkirche besinnt sich auf die Zeit um 1900, zur Tradition wurden längst die dicht gedrängten Buden vor der reizvollen Kulisse der **Loschwitzer Fachwerkhäuser**, recht modern gibt sich die **Prager Straße**, während die **Neustadt** mit dem gewohnt vielschichtigen und bunten Treiben zwischen barock und alternativ einlädt.

Stühle aus Rabenau

Seit 400 Jahren werden in dem kleinen Städtchen unweit von Tharandt Stühle gefertigt. Ein Museum im Vorwerk der ehemaligen Burganlage – das **Deutsche Stuhlbaumuseum** – erinnert an die einmalige Tradition. Eine **kleine Sensation** ist die originalgetreu erhaltene Werkstatt des Rabenauer Stuhlbaumeisters und Ehrenbürgers Kurt Aehlig (1900–2001). Bis 1999 hatte dieser in der Werkstatt Bahnhofstraße 6 Stühle hergestellt und dabei die technische Ausstattung des frühen 20. Jahrhunderts bewahrt: Maschinen, Riementriebe und auch den zentralen Antriebsmotor, einen Zweiphasen-Schleifringläufer mit zweimal 170 Volt Leistung. **Stühle aus Rabenau** zieren heute u. a. die **Sempergalerie Dresden**, das **Schauspielhaus in Berlin** oder das **Schloss Pillnitz**.

Tal der Ahnungslosen

Zu DDR-Zeiten war es ein geflügeltes Wort, das „**Tal der Ahnungslosen**". Das Dresdner Elbtal gehörte zu den wenigen Ecken des Landes, wo die Wellen des bundesdeutschen Fernsehens nicht empfangen werden konnten. Manch einer deutete die Abkürzungen ZDF und ARD auf eigene Weise um als „**Zentrales Deutsches Fernsehen Außer Raum Dresden**". Allerdings mangelte es den westlichen Sendern auch im Bereich der Oberlausitz und Vorpommern an Reichweite.
„Was dem einen sin Uhl, ist dem andern sin Nachtigall …" heißt es im Sprichwort. Manche Zeitgenossen wären damals unter keinen Umständen an die Elbe gezogen, weil sie dort das Westfernsehen vermisst hätten. Hingegen erfreuten sich Filmtheater, Kleinkunst- und Kabarettbühnen oder auch der hei-

mische Fußballverein einer großartigen Fankulisse – wie nirgendwo sonst in der DDR. Heute wird der Begriff „Tal der Ahnungslosen“ auf jene Regionen übertragen, denen der Zugang zu schnellem Internet verwehrt ist.

Tambourieren – die hohe Kunst der Stickerei

Seidenstickerei im Rathaus Eibenstock

Die Tochter eines kursächsischen Oberförsters in Bialystok kam nach dem Tod ihrer Eltern mit zehn Jahren in ein Kloster bei Thron (Torun), wo sie das **Kunststicken mit der Häkelnadel** (Tambourieren) erlernte. 1775 volljährig geworden, übersiedelte Clara Angermann zu ihrem Onkel in das Städtchen **Eibenstock**.

Mit dem Niedergang des Bergbaus nach Zinnerz herrschte hier entsetzliche Armut. Die junge Dame brachte den Frauen in Eibenstock die Kunststickerei bei, bevor sie 1780 nach Dresden heiratete. Das Tambourieren begann rasch aufzublühen. Mitte des 19. Jahrhunderts wirkten hier bereits sechs erfolgreiche Stickereibetriebe. Nachdem 1858 die erste Stickmaschine zum Einsatz kam, wurden die Eibenstocker Stickwaren ein **Exportschlager**. 1891 richteten die USA sogar ein Konsulat in der Stadt ein! Bereits im Jahr 1910 produzierte hier eine Stickmaschine mit Lochkartensteuerung.

Zusammenbruch nach dem Ersten Weltkrieg

Der Erste Weltkrieg sorgte für den Zusammenbruch des Tambourierens in Eibenstock. Ohne wirklich an die frühere Berühmtheit anknüpfen zu können, konnte sich zu DDR-Zeiten die Stickerei in einer Produktionsgenossenschaft des Handwerks und der Eibenstocker Buntstickerei wieder etablieren.

Thomaner – die älteste Boygroup der Welt!

Im Jahr 1212 wurde in **Leipzig** das **Augustiner-Chorherrenstift St. Thomas** gegründet. Mit seinen achthundert Jahren kann der heutige **Thomanerchor** als der **älteste Knabenchor der Welt** gelten. Der Dresdner Kreuzchor ist beispielsweise fast einhundert Jahre jünger. Die tragende **Thomas-**

Leipzig: Der Thomanerchor blickt auf 800 bewegte Jahre zurück (Foto LTM Dirk Brzoska)

schule gilt zugleich als **älteste öffentliche Schule Deutschlands** – über drei Jahrhunderte sollte sie in Leipzig auch die einzige bleiben.
Der zweifellos berühmteste Kantor des Thomanerchores war ab 1723 bis zu seinem Tode **Johann Sebastian Bach** (1685–1750), zu den bekanntesten Thomanern gehört **Richard Wagner**.

Film zum 800-jährigen Jubiläum
Seine Heimat hat der **Thomanerchor** in der **Thomaskirche** in Leipzig, unweit des Marktplatzes. Die **Thomasschule** hat nach den Zerstörungen des Zweiten Weltkriegs als humanistisch-altsprachliches und musisches Gymnasium in der Hillerstraße im Leipziger Bachviertel ihren Sitz. Zum 800-jährigen Jubiläum zeigte der Film „Die Thomaner – Herz und Mund und Tat und Leben" von Paul Smaczny und Günter Atteln Wirken und Alltag der Thomaner. Dem Zuschauer öffnet sich eine eigenartige Welt zwischen Motette, Internat und Fußballplatz. Das Dasein des Thomaners wird darin beherrscht von Erfolg und Leistungsdruck, Zweifeln und Stolz, Heimweh und echter Freundschaft.

Der große Topf zu Penig

Ging ein Peniger im Mittelalter auf Wanderschaft, so wurde er in der Fremde nach dem „**Großen Topf**" befragt. Als Ausdruck der Töpfertradition war das **Weltwunder** im 15. Jahrhundert vom hiesigen Töpfermeister Hans Weider gefertigt worden. Der Topf soll ursprünglich 50 Eimer Wein gefasst haben.

Der große Topf von Penig (Zeichnung Horst Schieke)

Steuerfreiheit für die Peniger
Der Ruf des **Topfes zu Penig** eilte sogar bis an den Hof der Wettiner. Um 1483 kam Erbprinz Friedrich nach Penig, um das berühmte Töpferstück zu sehen. Der junge Herr ließ sich im Übermut eine Leiter reichen, um in den Topf hinabzusteigen. Dessen Wände waren inwendig glatt und nach oben sah Friedrich nur ein Stück Himmel. Sein Erzieher, ein Herr von Schönberg, ließ die Leiter entfernen und erwartete wohl, sein vornehmer Zögling würde sich nun vor versammelter Bürgerschaft auf Flehen und Bitten verlegen. Doch Friedrich schlug vielmehr zu und stieg zum Entsetzen der Anwesenden lachend durch eine Bresche aus dem Wundertopf. Das wiederum tat dem Prinzen dann doch leid und er erbat vom Vater **Steuerfreiheit**, die Kurfürst Ernst den Bürgern von Penig schließlich auch gewährte. Die fleißigen Töpfer erneuerten den legendären Topf regelmäßig, zuletzt zum Stadtjubiläum 2002. Doch ein wild gewordener Kurprinz, der ihnen Steuerfreiheit erwirkt, ist in Penig nie wieder aufgetaucht.

Torgau – älteste Bürgerwehr Deutschlands

1542 rückte auf Befehl von Kurfürst Johann Georg die **Torgauer Bürgerwehr** nach **Wurzen** aus, um dort Gelder für die Finanzierung des Türkenkrieges „einzutreiben". Für diese Aufgabe wurden die Geharnischten kurfürstlich privilegiert – die Kompanie gilt als die älteste ihrer Art in Deutschland. Seit 1700 eine reine Paradetruppe, begeht die Bürgerwehr alle zwei Jahre in der Pfingstzeit in der **Renaissancestadt Torgau** ein „Auszugsfest".

Verspottet und verehrt: der Trabant

Ob Rennpappe, kleiner Stinker oder einfach Trabbi – der Kleinwagen aus dem sächsischen Zwickau gehörte in der DDR und in manchem Ostblockstaat unweigerlich zum Straßenbild. Die Fertigung erfolgte seit 1957 in **VEB Sachsenring Automobilwerke Zwickau**.

Der Trabant im Museum

Obwohl die Gesamtproduktion in den 1980ern die Drei-Millionen-Marke überschritten hatte, betrug die Wartezeit auf den Zweitakter am Ende zehn Jahre. Mit der Wende kam das „Aus" für den technisch veralteten PKW, der schon längst in unzähligen Witzen und Berichten stigmatisiert war. Heute ist das Fahrzeug zum Kultobjekt geworden. Gegenwärtig sind noch rund 30 000 Trabants in der Bundesrepublik zugelassen.

Umgebindehäuser in der Lausitz

Umgebindehäuser in Postelwitz

Ein Haus wie eine Brücke: Die **Umgebindehäuser** der **Lausitz** stellen eine Verknüpfung von slawischem Blockbau und fränkischem Fachwerk dar.
Im Erdgeschoss liegt auf der wetterabgewandten Ost- oder Südseite der Wohnbereich in Fachwerkbauweise, während sich jenseits des Hausflurs der Wirtschaftsbereich in Massivbauweise befindet. Über dieser Blockstube ruhen das Obergeschoss und der Dachstuhl auf Holzsäulen. Erst im 18. Jahrhundert entwickelte sich der typische Umgebindebogen, der den Häusern seinen Namen gab. Vielfach waren in den Blockstuben Webstühle untergebracht. Die massiven Mauern sorgten für ein gleichmäßigeres Klima, während die vom Volksmund gedeutete Vermeidung der Übertragung von Schwingungen der Webstühle eher zweitrangig war. Etwa **19000 Umgebindehäuser** bestehen heute noch. Ihr Verbreitungsgebiet erstreckt sich von der Niederlausitz bis nach Nordböhmen und Thüringen mit einem Schwerpunkt in der Oberlausitz.

Versteinerter Wald in Chemnitz

Die bei einem Vulkanausbruch vor 291 Millionen Jahren versteinerten Stämme eines Regenwaldes von **Chemnitz-Hilbersdorf** gelten als **größtes Naturfossil Europas**. Der Ausbruch entwurzelte die tropischen Bäume, begrub diese und konservierte sie schließlich unter heißer Vulkanasche. Bereits 1737 war man bei Schachtungsarbeiten in Hilbersdorf auf die Fossilien gestoßen. Noch im 18. Jahrhundert begann der Chemnitzer Edelsteininspektor David Frenzel, aus den Kieselhölzern Schmucksteine herzustellen. Später vermachte der Hilbersdorfer Bauunternehmer Güldner die Baumstämme dem **Chemnitzer König-Albert-Museum**. Heute präsentiert **das Kulturkaufhaus DAStietz** die berühmten Stämme. Das 1913 von Wilhelm Kreis erbaute **Chemnitzer Warenhaus** bietet seit 2004 in seinem Innenhof einen idealen Ausstellungsplatz für den versteinerten Wald. Im Jahr 2010 wurde der gewaltige Zweig eines Riesenschachtelhalms zum Fossil des Jahres gewählt. Grund genug für Chemnitz, sich mit dem Versteinerten Wald bei der Unesco um den Titel als Welterbe zu bewerben.

Völkerschlachtdenkmal Leipzig

Die Völkerschlacht von 1813 vor den Toren von Leipzig galt bis zum Ausbruch des Ersten Weltkrieges als **größte Schlacht der Menschheitsgeschichte**. Truppen der Österreicher, Preußen, Russen und Schweden schlugen im Oktober 1813 Napoleon und dessen Verbündete, zu denen anfänglich auch Sachsen gehörte. Vertreter deutscher Länder gehörten auf beiden Seiten zu den insgesamt 600 000 Soldaten und stellten auch einen großen Teil der 120 000 verwundeten oder getöteten Opfer.

Eindrucksvolles Denkmal
Der Dichter Ernst Moritz Arndt regte früh die Errichtung eines Denkmals an. Sachsen aber gehörte zu den größten Verlierern der Schlacht und musste zwei Drittel seines Territoriums an Preußen abtreten. So war die Bereitschaft für ein rühmendes Denkmal eher verhalten. Eine erste Grundsteinlegung zum 50-jährigen Jubiläum 1863 blieb folgenlos. Zwei Wettbewerbe brachten 1895 und 1896 kein befriedigendes Ergebnis, so dass schließlich der Berliner Architekt Bruno Schmitz mit einem Entwurf beauftragt wurde. Von der Grundsteinlegung 1898 bis zur Weihe am 18. Oktober 1913 vergingen eineinhalb Jahrzehnte. Zur Finanzierung wurde eine spezielle Lotterie eingerichtet, auch Spenden unterstützten den Bau des 91 Meter hohen Bauwerks aus Beuchaer Granitporphyr. Die gewaltige Krypta stellt das symbolische Grab der Gefallenen der Völkerschlacht dar. Die vier gewaltigen Statuen in der Ruhmeshalle symbolisieren nach dem Vorbild der Memnonsäulen bei Theben die „deutschen" Tugenden Tapferkeit, Glaubensstärke, Volkskraft und Opferbereitschaft. Zum 200-jährigen Jubiläum der Völkerschlacht 2012 werden die seit zehn Jahren laufenden Sanierungsarbeiten abgeschlossen. Das Mahnmal gehört auch heute zu den **eindrucksvollsten Denkmalen Europas** und bietet zugleich einen atemberaubenden Blick auf Leipzig.

Schloss Weesenstein

Schloss Weesenstein in einer historischen Darstellung

Über einer Schleife des **Müglitztales** thront von alters her ein Felsvorsprung aus Quarzit und Glimmerschiefer, der **Weisinsteyn**.
Schon vor siebenhundert Jahren nutzten die Burggrafen aus dem nahen **Dohna** die strategische Position des **Weesenstein** zur Errichtung einer Grenzburg. Im Verlaufe der Zeit wuchs die Burganlage auf ungewöhnliche Weise: Die ältesten Teile befinden sich hoch oben auf dem Felssporn, so der mittelalterliche Turm. Fünf Etagen unter denselben liegt der klassizistische Wintergarten. Dazwischen entstanden die herrschaftlichen Wohnräume, über denen wiederum die Kellergewölbe in den Felsen getrieben wurden. Noch weiter oben und mithin im fünften Geschoss hatte man die Pferdeställe angelegt. Zur Schauseite mit dem nach der Flut von 2002 – die Fernsehbilder aus Weesenstein gingen um die Welt – wiederhergestellten Park ist der Fels durch Baulichkeiten von Gotik bis Klassizismus umhüllt. Der Ba-

rock versuchte dem „**Belvedere auf Festungsmauern**" durch **illusionistische Fassadenmalerei** ein einheitliches Gesicht zu geben. Im Inneren des seltsamen Schlosses tritt das Felsgestein hingegen vielfach als Wand oder Boden roh zutage. Es steht damit in einem bizarren Kontrast zu der wohl **bedeutendsten sächsischen Ausstattung** mit **Tapeten**, die der Besucher bei einem Rundgang auf Schloss Weesenstein erleben kann.

Burg Weesenstein – gegen Angreifer aus Böhmen
Das **Erzgebirge** bildet seit mehr als eintausend Jahren dank seiner geographischen Ausformung eine politische Grenze mit Böhmen. Zu deren Schutz entstand im frühen Mittelalter eine Vielzahl von **Burgen** und **Festungen**, die später oft zu Schlössern umgewandelt worden sind. Zum Schutz gegen eventuelle böhmische Angreifer ist eine Burg davon die **Burg Weesenstein**.

Die Weißeritztalbahn ist die dienstälteste Schmalspurbahn

Die Eröffnung des Abschnitts von **Hainsberg** nach **Schmiedeberg** erfolgte im Jahr 1882, ein Jahr später fuhren die dampflokbetriebenen Züge durch bis Kipsdorf. Auch wenn bereits 1881 eine Schmalspurbahn von Wilkau nach Kirchberg eingeweiht wurde, gilt die Weißeritzbahn heute als die **älteste öffentlich betriebene Schmalspurbahn Deutschlands**.
Im Jahr 2002 wurde der heute vor allem für Ausflugsfahrten genutzte Bahnkörper schwer vom Weißeritzhochwasser getroffen. Der planmäßige Verkehr von **Freital-Hainsberg** bis **Dippoldiswalde** konnte erst 2008 wieder aufgenommen werden. Vermutlich im Jahr 2014 werden die malerischen Dampflokomotiven auch wieder in Kipsdorf einfahren.

Der Wundertropfen aus der Lößnitz

Es war eine Idee August des Starken, und nicht die schlechteste: Er wünschte sich von seinem Leiter des Militär- und Ziviloberbauamtes die Mitwirkung an der Ausgestaltung der **Lößnitz** zur Residenzlandschaft. So baute August Christoph Graf von Wackerbarth 1727–1929 das gleichnamige Schloss unter dem Naundorfer Johannisberg. Hier wird seit 850 Jahren der **sächsische Wundertropfen** gekeltert. Heutige Bewohner Radebeuls werden sich wohl die Augen reiben, denn der Reichsgraf erwähnte den billigen Boden an seinem Altersruhesitz. Lange konnte er diesen nicht genießen, denn er sollte bereits 1734 sterben.
Heute befindet sich in dem Barockschloss das **Sächsische Staatsweingut**. In den guten Lagen ringsherum werden Riesling, Weißburgunder, Traminer und andere Qualitätsweine angebaut. 2002 entstand an Stelle des einstigen Obstgartens eine „gläserne Manufaktur". Im ersten Erlebnisweingut Europas wird Sekt der Marke „**Schloss Wackerbarth**" vor den Augen der Besucher gerüttelt.

Wurzener Kunstmühlenwerke

Die beiden mächtigen Türme der **Kunstmühlenwerke Wurzen** ragen als weithin sichtbares Symbol der Stadt Wurzen von der Eisenbahnstrecke zwischen Dresden und Leipzig in die Höhe. Doch auch auf dem heimischen Tisch waren und sind Produkte aus der Kleinstadt unverzichtbar.
Es begann alles im Jahr **1847**, als Johann Friedrich Krietsch die Stadtmühle kaufte und mit der Produktion von Mehl, Graupen und Hülsenfrüchten begann. 1886 erfolgte die Umwandlung in die **Aktiengesellschaft „Wurzener Kunstmühlenwerke und Bisquitfabrik**“.

Kekse, Kuko, Cornflakes und Erdnussflips

In der DDR entwickelte sich das „**Nahrungsmittelkombinat Albert Kuntz**“ zu einem bedeutenden Unternehmen der Lebensmittelindustrie mit beinahe tausend Mitarbeitern. Produkte wie der **Wurzener Kukoreis**, **Cornflakes** oder die begehrten **Erdnussflips**, mit frisch gemahlenen Erdnüssen, gehörten vielfach zur so genannten Bückware.
Ab der Übernahme durch die Getreide AG Rendsburg, 1993, firmiert das Unternehmen unter „**Wurzener Nahrungsmittel GmbH**“. Im Unterschied zum üblichen Gang der Dinge konnte der Betrieb an alte Erfolge anknüpfen. Das Kuko-Fertiggericht-Sortiment wurde 2004 als „**Bester Markenrelaunch**“ ausgezeichnet.

Zauberschloss von Schönfeld – „verhext und zugemogelt“

Schloss Schönfeld

Das heutige **Schloss Schönfeld** im gleichnamigen Hochland östlich von Dresden lässt sich von seiner Entstehung bis ins frühe Mittelalter zurückverfolgen. In der Renaissance entstand eine prachtvolle Anlage mit vier Türmen, die von einem breiten Wassergraben umgeben war. Nach 1880 erfolgte der Umbau in den Formen der deutschen Neorenaissance.
Seit Harry Potter sind Schlösser mit Zauberei verbunden. Im Renaissanceschloss Schönfeld wirkt heute der „**Magische Zirkel Dresden Bartolomeo Bosco**“ und veranstaltet Führungen mit kleinen Zaubereinlagen. Das Ensemble „verhext und zugemogelt“ lädt **Größen der internationalen Zauberzunft** in das historische Gemäuer ein.

Zeitreise in Radebeul

Ausgerechnet im feinen **Radebeul** wurde 2005 ein Museum der besonderen Art gegründet. Unter dem Motto „Zeitreise" leben in einem Bürogebäude aus den 1970er-Jahren die Geschichte und der **Alltag der Deutschen Demokratischen Republik** wieder auf.

DDR-Museum in Radebeul – Wohnzimmer um 1960

Zeitreise-Museum auf Platz eins

Tausende Ausstellungsgegenstände zeigen im **Zeitreise-Museum** ein authentisches Bild des Alltagslebens in dem untergegangenen Staat DDR. Das Spektrum reicht von diversen **Trabants**, **Schwalben** oder einem originalen **Sachsenring** im Erdgeschoss über **komplette Klassenzimmer**, **Wohnzimmer- oder Badeinrichtungen** aus den 1950er- bis 1980er-Jahren bis zu einem **Grenzsoldaten** hinter Drahtgeflecht im schummrigen Licht bei der Passkontrolle. Ein **Zeitstrahl** geleitet die Besucher durch das Gebäude. Darin markiert sind zahlreiche wichtige Daten: der Bürgeraufstand am **17. Juni 1953**, Vereinbarung zur Entfernung aller **Bodenminen** entlang der innerdeutschen Grenze am 1. November 1985 oder die Unterzeichnung des **Einigungsvertrages** durch Wolfgang Schäuble und Günter Krause am 31. August 1990.

Beschwörend klingt Walter Ulbrichts Stimme aus der Tonkonserve: „**Niemand hat die Absicht, eine Mauer zu errichten!**" Die deutsche Teilung und Nachkriegsgeschichte begann jedoch weit vor dem Mauerbau, so der heutige Museumsdirektor und einstige bayerische Bauamtsleiter Hans Joachim Stephan.

Radebeul zeigt eben die Geschichte „dahinter", wie zahlreiche begeisterte Besucher äußern. Bei einem Internetranking der „schönsten Dresdner Museen" landete das Zeitreise-Museum gar auf Platz eins!

Zittauer Fastentücher

Die Stadt **Zittau** besitzt mit dem **Großen Fastentuch** von 1472 und dem **Kleinen Fastentuch** von 1573 zwei bedeutende Kunstschätze. Die Leinentücher sind die **einzig überkommenen Reliquien** dieser Art in der Bundesrepublik.

Größte Museumsvitrine der Welt

Während der Fastenzeit vor Ostern verhüllte das Fastentuch traditionell bildliche Darstellungen Jesu, zumeist das Kruzifix. Es lässt sich in der Entstehung auf den jüdischen Tempelvorhang zurückführen. Das Tuch trennte die Gemeinde optisch vom Altarraum, zur körperlichen Buße trat mithin auch die seelische, die „Gottferne". Mit seinen stattlichen 8,20 x 6,80 Metern wird das **Große Fastentuch** heute in der **Zittauer Kreuzkirche** präsentiert und benötigt dazu die **größte Museumsvitrine der Welt**. In 90 Bildern erzählt das Kunstwerk Geschichten aus dem Alten und dem Neuen Testament.

Zittauer Gebirge – kleinstes Mittelgebirge Deutschlands

Das Zittauer Gebirge liegt im äußersten Südosten von Sachsen und wird allgemein als **kleinstes deutsches Mittelgebirge** bezeichnet. Geographisch gehört es zum Gebirgszug der östlich anschließenden Sudeten. Das sandsteingeprägte Gebirge wird von höheren Phonolitkuppen wie der Lausche und dem Hochwald überragt. Die über 700 Meter hohen Berge sind zugleich die **höchsten deutschen Erhebungen östlich der Elbe**. Das Gebirge markiert zudem die Wasserscheide zwischen der Ostsee (Zuflüsse zur Mandau) und der Nordsee (Zuflüsse zur Spree). Die bekanntesten Erholungsorte sind die Kurorte **Oybin** und **Jonsdorf**, die jeweils an Endpunkten einer in Zittau beginnenden Schmalspurbahn liegen.

BH – Erfindung einer Dresdnerin

Die Mode vergangener Jahrhunderte unterschied sich vielfach voneinander: Mal waren üppige Formen gefragt, zu anderen Zeiten zwangen Korsetts oder Reifröcke die Damen zu engsten Taillen. Dass diese nicht immer zum Wohlbefinden beitrugen, ist denkbar und überliefert. Bei öffentlichen Anlässen wurde der einen oder anderen Trägerin übel oder sie fiel wegen Atemnot in Ohnmacht.

Was für eine Erleichterung, als die **Dresdnerin** Christine Hardt am 5. September 1899 ein so genanntes **Frauenleibchen als Brustträger** beim Kaiserlichen Patentamt anmeldete. Die Geburtsstunde des modernen **BHs** lässt sich in der Patentschrift Nr. 110888 nachlesen. Noch wurde das gute Stück zwar auf Männerhosenträger geknüpft und war nicht in zarten filigranen Mustern oder aufreizenden Farben lieferbar. Und dennoch brachte es mit seinen abnehmbaren und verstellbaren Trägern den Frauen einen bis dahin unvorstellbaren Komfort.

Malimo macht Mode

Heinrich Mauersberger (1909–1982) ließ im Jahr 1949 mit dem Patent Nr. 8194 ein spezielles Nähwirkverfahren schützen, welches in der Folge die Produktion von Gebrauchstextilien revolutionierte und bis heute vor allem in den **USA**, zum Beispiel in der **Raumfahrt**, Anwendung findet.

Der Markenname, der auch für die von der DDR mit großen Investitionen begleitete Produktion von Textilmaschinen stand, setzt sich aus **MA**uersberger und den Anfangsbuchstaben seiner Wirkungsstätte in **LIM**bach-**O**berfrohna zusammen. Anfänglich erhielt der Entdecker klangvolle Auszeichnungen wie „**Held der Arbeit**“ oder den **Nationalpreis** und wurde **Ehrenbürger** an seiner Wirkungsstätte. Als er sich jedoch mit dem Parteiapparat anlegte, verlor er den Vorsitz des **Malimo-Instituts**. Erst nach Berichten über das klägliche Dasein des Erfinders in der Westpresse bekam Mauersberger eine Ehrenpension. Unter dem Werbeslogan „**Malimo macht Mode**“ kam ab den 1960er-Jahren kaum ein DDR-Haushalt ohne Gardinen oder Handtücher dieses Fabrikates aus.

Dresdner Milchschokolade – Rezept war verschollen

Wer heute an feine Schokolade denkt, dem fällt wohl zuallererst die Schweiz ein. Dabei galt Dresden um 1900 als das **Zentrum der deutschen Schokoladenherstellung**. Hier gründeten Gottfried Heinrich Christoph Jordan und Friedrich Timaeus 1823 die erste deutsche „**Chokolade- und Cichorienfabrik**“. Bereits 1839 wurde in der **Äußeren Neustadt** erstmals **Milchschokolade** fabriziert, 40 Jahre bevor der Schweizer Daniel Peter den Geschmack der Bitterschokolade mit Henri Nestlés Milchpulver abmilderte. Lange Zeit galt das Dresdner Rezept als verschollen. In beinahe kriminalistischer Manier haben sich Wissenschafter der Dresdner Technischen Universität dem ursprünglichen Geschmack angenähert. Der wäre wohl für den Liebhaber des „zarten Schmelzes“ eher ernüchternd: Die Schokolade war körnig und musste gekaut werden. Dabei schmeckte sie mutmaßlich herber und wirkte optisch dunkler als die heutige Milchschokolade.

Erste Mineralwasseranstalt der Welt

Der in **Neustadt** in Sachsen gebürtige **Friedrich Adolph August Struve** (1781–1840) heiratete sich 1805 in die **Salomonis-Apotheke** am Dresdner Neumarkt ein. Dort experimentierte er und stellte – angeregt durch eine eigene schwere Krankheit – erstmals ein **künstliches Mineralwasser** her. Seine Zeitgenossen meinten noch, deren Heilkräfte seien auf überirdische Kräfte zurückzuführen.

Die Struve'sche Trinkhalle um 1822

Dank seiner Mixtur konnte Struve 1820 in der Seevorstadt die **erste Mineralwasseranstalt der Welt** begründen. Der Apotheker hatte erkannt, dass das Elixier durch Auswaschung vulkanischer Gesteine entsteht. Alsbald entstanden Ableger der Dresdner Anstalt u. a. in Berlin, Brighton, Moskau und Leipzig. Heutzutage sind bei Mineralwässern Zusätze nicht mehr erlaubt. Die Wässer des Herrn Struve wurden bis 1969 als Tafel- oder Sodawasser in Dresden hergestellt.

Schon Goethe trank heilendes Mineralwasser

Bereits seit dem 17. Jahrhundert waren Trinkkuren etwa in Marienbad oder Bad Elster populär. Berühmt sind Johann Wolfgang von Goethes Schilderungen seiner Besuche in Karlsbad. Doch auch der vermögende Adel oder das wohlhabende Bürgertum konnte nicht ständig reisen und der Transport des gehaltvollen Wassers aus den Quellen in Kutschen war außerordentlich aufwändig.

Neuzeitliche Zeitung in Frankenberg

Aus den Jahren 1841/1842 stammte die Idee des rastlosen Forschers **Friedrich Gottlob Keller**, „Papier zu fertigen, von Holzfasern, welche durch Friction

Friedrich Gottlob Keller

erzeugt werden". Bis dahin wurde es vorrangig aus Lumpen gewonnen, was seiner Verbreitung enge Grenzen setzte. Die rasche Industrialisierung forderte jedoch wesentlich mehr Papier für Verpackungen, die Presse bis hin zur Bürokratie. Keller erwarb 1845 die **Papiermühle Kühnhaide** nahe **Marienberg**.
In der **Frankenberger Druckerei** „Offizin C. G. Roßberg" wurde am 11. Oktober des Jahres mittels einer hölzernen Druckpresse die **erste Zeitung der Welt** auf dem von Friedrich Gottlob Keller erfundenen **Holzschliffpapier** gedruckt.

Preiswerte Papierherstellung
Dem armen Webersohn fehlten jedoch sowohl das Startkapital wie auch das kaufmännische Geschick, um mit seiner Erfindung den erhofften Reibach zu machen. Dann schlug auch noch die Natur böse zu – ein Hochwasser vernichtete seine Papiermühle. So musste Keller sein Patent an einen Fabrikanten aus Heidenheim vermachen. Im Alter bedurfte es gar eines Spendenaufrufs, um für den Erfinder eine monatliche Rentenzahlung zu erwirken. Dennoch ist es bis heute das Verdienst **Johann Gottfried Kellers**, mit seinem **Holzschliffverfahren** die großindustrielle und preiswerte Papierherstellung ermöglicht zu haben. Die Geburtsstadt Hainichen ernannte Keller noch zu Lebzeiten zu ihrem Ehrenbürger, an seinem späteren Wohnort **Krippen** wurde für ihn ein **Museum** eingerichtet.

Oberleitungsbus (O-Bus) im Bielatal

Von **Königstein** aus startete am 10. Juli 1901 der **erste betriebsreife Oberleitungsbus** seine Fahrt in das **Bielatal**. Frühe Tests eines Elektromotors wurden bereits 1882 in Berlin-Halensee ausgeführt. Das Fahrzeug holte sich die Kraft über ein Kontaktwägelchen aus einer Oberleitung. Das System erwies sich jedoch als untauglich für den Dauerbetrieb.

Oberleitungsbus mit Stangenstromabnehmer um 1950 in Kassel

Max Schiemann führte Anfang des 20. Jahrhunderts in **Dresden** ein Ingenieurbüro und war Mitinhaber der **Gesellschaft für gleislose Bahnen Max Schiemann & Co.** Der von ihm entwickelte und noch heute verwendete **Stangenstromabnehmer** brachte den Durchbruch. Schiemann initiierte den Bau einer 4,4 Kilometer langen Strecke von **Königstein** an der Elbe bis zum **Kurbad Königsbrunn**. Sie erhielt alsbald Bedeutung im Ausflugs- wie im Güterverkehr.

O-Bus nach Wurzen verfrachtet
Von Beginn an war klar, dass das Verkehrsaufkommen die großen Investitionen in eine Eisenbahnstrecke nicht rechtfertigen würde. Alsbald stellten sich allerdings Probleme ein, auch weil die schweren Fahrzeuge nicht für den vergleichsweise schlechten Fahrbahnbelag geeignet waren. So wurde die Strecke nach drei Jahren wieder stillgelegt, zumal das Passagier- und Güteraufkommen im **Bielatal** unter den Erwartungen blieb. Das technische Prinzip aber hatte sich bewährt und die demontierten Anlagen wurden anschließend erfolgreich in Wurzen im Gütertransportbereich betrieben. Den Verkehr im Bielatal übernahm ein Omnibus. Die Idee des O-Busses aber setzte sich in einigen deutschen und europäischen Städten und auch weltweit durch.

Europas erstes Porzellan

Johann Friedrich Böttger (1685–1719) stammte aus Preußen, wo er den Mund zu voll genommen hatte: „**Ich kann Gold herstellen!**" Davon hörte der chronisch klamme **Preußenkönig Friedrich I.** und befahl, den Alchimisten festzusetzen. Doch der entschwand nach Kursachsen, wo ihm ein ähnliches Schicksal blühte. Immerhin gewährte ihm August der Starke so gut wie alles, außer der Freiheit.
In einem Laboratorium in der Stadtbefestigung suchten **Ehrenfried Walter** von Tschirnhaus und **Johann Friedrich Böttger** mit einer wissenschaftlichen Herangehensweise nach dem Geheimnis der Goldherstellung. Letzterer entdeckte hier im November 1707 zunächst das nach ihm benannte rotbraune Steinzeug. Am 15. Januar 1708 gelang Böttger in der Jungfernbastei der erste Brand **weißen Porzellans** (auch **weißes Gold** genannt) in Europa.

Gründungsurkunde von August II.
Das am 24. April 1708 von August II. erlassene Dekret ist als Gründungsurkunde der **ersten Porzellanmanufaktur des Kontinents** zu werten, die im Haus des Dr. Bartolomaei in der Moritzstraße, Ecke Friesengasse beheimatet war. Aus Sicherheitsgründen erfolgte 1710 ihre Verlagerung in die ungenutzte Meißner Albrechtsburg. Fayencen wurden in Dresden bis 1784 hergestellt.

Pulsnitzer Lebkuchen

Die **Pfefferküchlerei** in **Pulsnitz** ist bereits durch ein Privileg aus dem Jahr 1558 belegt. Seit ihrem Aufblühen in der Mitte des 17. Jahrhunderts konnten weder Krieg noch Zeitgeschmack an ihrer Beliebtheit kratzen.

Pfefferkuchen-Schauwerkstatt am Marktplatz von Pulsnitz

Neben streng gehüteten Rezepten unterscheidet die monatelange Lagerung des Teigs hiesigen Lebkuchen von ihrer Konkurrenz aus Nürnberg und anderswo. Wurde früher einem Bäcker in Pulsnitz ein Sohn geboren, wurde der zu diesem Anlass angesetzte Lagerteig erst bei dessen Hochzeit verschnitten.

Pfefferküchler – bis heute ein Ausbildungsberuf
Schon vor einhundert Jahren wurde das weihnachtliche Naschwerk auf der Leipziger Messe angeboten, in viele Länder Europas und sogar nach Amerika versandt. Traditionell werden auch heute in Pulsnitz **Pfefferküchler** ausgebildet. Daran konnte nicht einmal die Bonner Bürokratie etwas ändern, die diesen Lehrberuf nicht kannte und nach der Wende abschaffen wollte. Seit 1992 sind „**Pulsnitzer Lebkuchen**" geschützt und dürfen nur noch in der Stadt hergestellt werden. In einer **Schauwerkstatt** am Markt kann sich der Besucher der Kleinstadt über Tradition und Gegenwart der Pfefferkuchen informieren.

Rezeptur:
Die Grundlage der Pulsnitzer Lebkuchen bilden bis heute Zuckersirup, Kunsthonig, Bienenhonig, Weizen- und Roggenmehl. Bevor der Teig zum Abbacken geknetet und in vielfältigen Formen wie Herzen, Sterne oder Figuren gebracht wird, werden allerlei Zutaten und Gewürze beigegeben: Zimt, Anis, Ingwer, Kardamom, Koriander, Macisblüte, Nelke, Mandeln, Haselnüsse, Walnüsse und Hirschhornsalz. Hinterher vollenden süße Füllungen, der Überzug mit weißem Zucker oder Schokolade sowie Mandeln und Nüsse den Genuss.

Spiegelreflexkamera

Bessere Kleinbildkameras funktionieren auch heute nach einem Prinzip: Danach bringt eine Linse ein Bild auf einen Spiegel, der es auf eine waagerechte Einstellscheibe umlenkt. Kurz: Der Fotograf sieht genau das, was später auf seinem Film oder seiner Speicherkarte landet. Die so genannte **Spiegelreflexkamera** geht zurück auf die Entwicklung des Dresdners **Karl Nüchterlein** von 1936. Erstmals wurde das Prinzip von der hiesigen **Firma Ihagee** umgesetzt. Weniger bekannt ist, dass **Dresden** im letzten Drittel des 19. Jahrhunderts der **wichtigste Produktionsstandort der Welt** für **Fotopapier** war.

Bewegte Bilder auch aus Dresden
Mit der 1903 von der Ernemann AG vorgestellten Apparatur zur Vorführung bewegter Bilder, dem „**Ernemann-Kino**", war der Begriff des Kinos geboren. Zu DDR-Zeiten konnte der VEB Pentacon zwar nicht mehr die technische Marktführung halten, galt aber als **größter Kamerabauer weltweit**. Die Treuhand liquidierte das Unternehmen im Oktober 1990.

Berggeschrey

Vor eintausend Jahren bedeckte dunkler Urwald das Erzgebirge – der so genannten Miriqidi. Um das Jahr 1168 erreichte die Kunde von den gewaltigen **Silberfunden** (Berggeschrey) im Freiberger Raum die Ohren Abenteuerlustiger in deutschen Landen. Sie löste eine Besiedlung aus, die Parallelen mit dem **kalifornischen Goldrausch** aufzeigt. Das rücksichtslose Abholzen der Wälder längs des Böhmischen und des Salzwegs führte zur **ersten Umweltkatastrophe Mitteleuropas**, die sich bis heute in mächtigen Lehmablagerungen in der Flussaue der Elbe und ihrer Nebenflüsse ablesen lässt.

Titel des Bergwerkbüchleins von Ulrich Rülein aus dem Jahr 1505

Flucht aus Colditz

In seiner markanten Lage auf einem Felssporn hoch über der **Zwickauer Mulde** lässt sich das **Schloss Colditz** bis ins 11. Jahrhundert als Burgward zurückverfolgen. Nach den Zerstörungen durch Hussiten und einen Brand wurde es ab dem frühen 16. Jahrhundert zu einem prachtvollen Renaissanceschloss ausgebaut. Das Hintere Schloss und das Fürstenhaus mit Erker und Kapelle blieben hingegen im spätgotischen Stil erhalten. Die Verbindung zur Stadt bildet eine Steinbrücke, welche durch das Torhaus geschützt wurde.

Schloss Colditz hoch über der Mulde

Schon 1803 begann die Nutzung des Schlosses als Arbeitshaus. Die damalige Zielgruppe waren weniger Kriminelle, vielmehr eigentlich unbescholtene Randgruppen der Gesellschaft, Menschen, die wir heute als psychisch krank charakterisieren würden.
1924 wurde die Landespflegeanstalt für Geisteskranke geschlossen. Die Nationalsozialisten wandelten Schloss Colditz in ein Schutzhaftlager um, bevor hier ab 1939 alliierte Offiziere gefangen gehalten wurden. Von 1946 bis 1996 war auf dem Schloss ein Krankenhaus beheimatet.

Schloss Colditz – international berühmt
Internationale Berühmtheit erlangte „Colditz castle" vor allem im britischen Raum durch Bücher und Filme. Bei 300 Fluchtversuchen konnten immerhin 31 Häftlinge aus dem Oflag IV C entkommen. 2012 stellte die britische Firma Windfallfilm die Flucht mit einem aus blau-weißer Bettwäsche bespannten Segler über die Mulde dar. Der so genannte **Colditz Glider** wurde von den Gefangenen 1945 tatsächlich unter Lebensgefahr in einem Geheimversteck auf dem Dachboden hinter einer falschen Wand gebastelt. Zur eigentlichen Flucht kam es dann gar nicht mehr, denn die amerikanischen Truppen erreichten am 12. April Colditz.

Schwarzenberg – „Freie Republik"?
Ganz Europa befand sich nach dem Ende des Zweiten Weltkrieges in den Händen zweier Machtblöcke – der westlichen Alliierten auf der einen und der Sowjetunion auf der anderen Seite. Für einen historisch kurzen Moment kam einem Fleckchen im Erzgebirge eine Sonderrolle zu: Unmittelbar nach der deutschen Kapitulation blieben die Menschen der **Amtshauptmannschaft Schwarzenberg** gänzlich auf sich gestellt.
Warum die amerikanischen und sowjetischen Truppen das Territorium Schwarzenberg ignorierten, ist nicht gänzlich geklärt. Mutmaßlich vereinbarten beide Seiten 1944 in Jalta die Mulde als Demarkationslinie, ohne sich über die beiden Quellflüsse Freiberger und Zwickauer Mulde im Klaren zu sein.
Am 11. Mai übernahmen 21 Bürger der Kleinstadt und umliegender Dörfer die

In Schwarzenberg gibt es einen Lehrpfad „Unbesetzte Zone"

Initiative und bildeten den **„Antifaschistischen Aktionsausschuss"**. Die beherzten Frauen und Männer hatten vorrangig dringlichste Versorgungsprobleme zu lösen. Die Ordnung sollte irgendwie aufrechterhalten werden, zugleich mussten sich die Bürger den Kopf über den Umgang mit den Verantwortlichen des nationalsozialistischen Regimes zerbrechen.
Die Schaffung einer eigenen Währung oder Verfassung, die aus dem Schattendasein tatsächlich eine Republik gemacht hätte, stand aber niemals zur Debatte. Die Politik wurde von der puren Not des Alltags beherrscht. Ganz im Gegenteil verhandelte der Ausschuss mit den benachbarten Besatzungsmächten mit dem Ziel einer Besetzung des von der übrigen Welt abgeschnittenen Areals. Der Einmarsch der Sowjetarmee beendete am 25. Juni 1945 nach 42 Tagen das Machtvakuum. Der Aktionsausschuss wurde zwar aufgelöst, doch behielten dessen Mitglieder ihre Positionen, wie etwa als Bürgermeister.

Stefan Heym und die „Republik Schwarzenberg"
Im Laufe der Jahrzehnte rankten sich mehr und mehr Legenden um jene Ära. Der Begriff **„Republik Schwarzenberg"** ist dem Roman „Schwarzenberg" des Schriftstellers zu danken. Die Erzählung um den Genossen Kadletz erschien 1984 in München. Der DDR war das basisdemokratische Agieren der Bürger unheimlich, so dass das Buch hier erst 1990 publiziert werden konnte. Mit der Wende dichtete die Künstlergruppe Zone um Jörg Beier noch das Wörtchen **„Freie Republik Schwarzenberg"** hinzu.
2004 beschäftigte sich auch der Schriftsteller Volker Braun mit der Republik Schwarzenberg. Heute erinnern in der Kleinstadt ein Lehrpfad „Unbesetzte Zone" und ein kleines Museum in der Oberen Schlossstraße an jene historisch einmalige Situation der europäischen Nachkriegsgeschichte.

Freistaat Sachsen – älter als man denkt

Nur wenigen ist bewusst, dass der **Freistaat Sachsen** bereits im Februar 1919 durch die Sächsische Volkskammer gegründet wurde. Schließlich war Mittelsachsen seit der Kaiserzeit außerordentlich sozialdemokratisch geprägt. Im Zuge der Novemberrevolution dankte König Friedrich August III. im November 1918 ab. Durch die nationalsozialistische Gleichschaltung verlor Sachsen 1934 diesen Status. Mit der Wende wurden die damaligen Bezirke Dresden, Leipzig und Chemnitz im Mai 1990 wieder zu einem Land und im Oktober 1990 zum Freistaat Sachsen vereinigt.

Nikolaikirche – Montagsdemonstrationen

Bereits 1982 lud das protestantische Gotteshaus mitten in der Leipziger Innenstadt mit der damals höchst selbstbewussten Aufforderung „**Nikolaikirche – offen für alle**" angesichts der atomaren Aufrüstung zu Friedensgebeten ein. Das Zusammenfinden von Studenten, Künstlern und oppositionellen Bürgern jeweils am Montag wurde zum Ausgangspunkt der Wende im Jahr 1989.
Die **Nikolaisäule** auf dem Nikolaikirchhof steht heute vielen als das Symbol

der Friedensgebete. Eigentlich erinnert sie an all jene, die im Herbst `89 keinen Platz mehr in der überfüllten Nikolaikirche fanden.

Zivilcourage
Es war Leipzigs Bürgerschaft, die im Herbst 1989 in Leipzig für ihre Grundrechte und Demokratie die schützende Kirche verließen und auf die Straße gingen. Zählten sie am Anfang wenige, zogen am 9. Oktober 1989 nach dem Friedensgebet in der Nikolaikirche – trotz drohendem Schießbefehl – über 70 000 Menschen friedlich über den Leipziger Innenstadtring. Damit legten die Demonstranten die Grundlage für einen demokratischen Wechsel und den späteren Beitritt der DDR zur Bundesrepublik.
Im Zentrum der Auseinandersetzungen stand die „**Runde Ecke**" – die frühere Stasi-Zentrale - in der Leipziger Innenstadt. Heute erinnert dort ein modernes und besucherfreundliches Museum an Opposition, Widerstand und in der DDR.

Gedenkstätte in der Runden Ecke (Foto LTM Andreas Schmidt)

Erster Auftritt der Puhdys – 1969 in Freiberg
Es war im November 1969. Im **Freiberger Tivoli** trat eine bis dahin völlig unbekannte Band namens „**Puhdys**" auf, die das sächsische Publikum umgehend begeisterte. Alsbald erreichten Massen an Fanpost das DDR-Fernsehen, so dass die Gruppe 1970 in der Sendung „**Notenbank**" auftrat. In den 70er-Jahren entwickelten sich die Puhdys zur **erfolgreichsten Band des Landes**, was deren Mitwirkung am DEFA-Kultfilm „Legende von Paul und Paula" eindringlich unterstrich. Titel wie „Geh zu ihr", „Lebenszeit", „He John" oder „Alt wie ein Baum" bestimmten die Hitparaden. Zwölfmal wurden die Puhdys zur **beliebtesten Band des Jahres** gewählt. Der Titel „Rockerrente" ist einer ihrer jüngeren Erfolge, doch zur Ruhe hat sich die Band noch lange nicht gesetzt.

Klimatische Rekorde

Auf der Bergstation der bayerischen Zugspitze werden in Deutschland klimatische Rekorde aufgezählt. Unangefochtener Sieger bei Niederschlagsereignissen ist die **Station Zinnwald** im **Osterzgebirge**: Vom 12. August drei Uhr morgens bis zum 13. August 2002, drei Uhr fielen in Zinnwald **353 Millimeter Niederschlag**. Das ist mehr, als Dresden, Chemnitz oder gar Leipzig im Schnitt in einem halben Jahr verzeichnen.

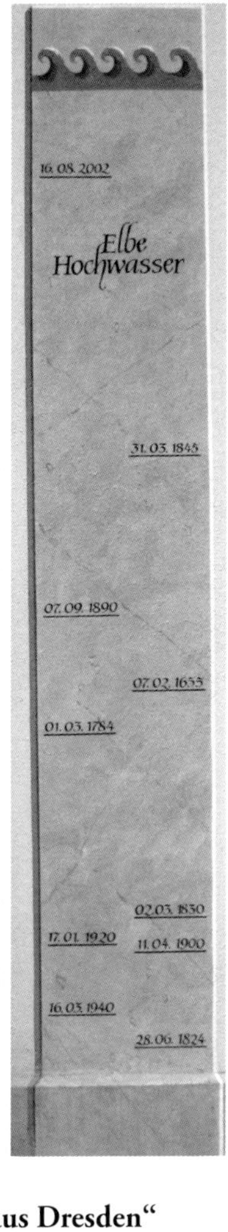

Dresden, 19. August 2002 – So hoch stand das Wasser nie

Wem das Vorstellungsvermögen für solche Mengen Wassers fehlt: 353 Millimeter sind 35 Zehnliter-Wassereimer auf einem Quadratmeter. Diese Wassermenge würde den Erdboden nur ein Drittel Meter hoch bedecken. Doch hat Wasser wegen der Erdanziehungskraft bekanntermaßen die Eigenschaft, nach unten wegzufließen. „Unten" befinden sich im Erzgebirge die tiefen Täler der Müglitz oder der Weißeritz. Der Wasserdurchfluss der lauschigen Gebirgsflüsse sollte sich in der Folge verhundertfachen.
Die Weißeritz überspülte einfach die Talsperre Malter, riss die Eisenbahnstrecke Dresden–Chemnitz weg, überflutete den Dresdner Hauptbahnhof und nach der Friedrichstadt auch weitere Teile der Innenstadt. Da das Regenwetter die meisten Zuflüsse der Elbe in Böhmen und Sachsen betraf, stieg der Wasserpegel des Stroms in Dresden am 19. August 2002 auf sagenhafte 9,40 Meter. Der bisherige Höchstwert in eintausend Jahren Messung hatte beim Märzhochwasser 1845 bei 8,70 Meter gelegen.

Frauenkirche – „Ruf aus Dresden"

In den aufregenden Wendetagen fand sich ein Grüppchen Dresdner Denkmalpfleger, Architekten und Geschichtsinteressierter zusammen. Man schrieb den November 1989. Zu einer Zeit, als alles möglich schien, ergriff sie die Idee vom Wiederaufbau der Dresdner Frauenkirche. Wie das nur anfangen?

Einweihung der Frauenkirche im Jahr 2005

Ein Prominenter musste als Zugpferd heran. Mit dem Dresdner Startrompeter **Ludwig Güttler** war bald der geeignete Sympathieträger gefunden. Im Februar 1990 trat die Gruppe Dresdner Bürger mit ihrem „**Ruf aus Dresden**" an die Öffentlichkeit. Über 15 Jahre rührten die Aktivisten um Güttler in unzähligen, zumeist ehrenamtlichen Auftritten die Werbetrommel. Ihr Ziel schien vielen anfangs geradezu weltfremd.
Manche westlichen Denkmalpflege moserten, dass eine Ruine nach so langer Zeit nicht mehr wahrhaft rekonstruierbar wäre. Die Landeskirche wand ein, dass in Dresden genügend Sakralbauten existieren würden, deren Unterhalt angesichts weniger Kirchgänger schwer genug fiele. „Kindergärten sind wichtiger als Kirchen!", meinten andere. Tatsächlich ging es hier nicht um irgendein Vorhaben, nein, die Frauenkirche stellte vor ihrer Zerstörung jeweils die größte Barockkirche und die größte protestantische Kirche Deutschlands dar. Beim Wiederaufbau sollte nicht nur ein Maximum der verbliebenen Bauteile einbezogen werden. Material und bauliche Ausführung sollten sich weitgehend an **George Bährs Original** orientieren.

Nirgends auf der Welt ...
Nirgends in der Welt wurde ein derart gewaltiges Gebäude im Rahmen einer „archäologischen Rekonstruktion" wiederaufgebaut. Mehr als **einhundert Millionen Euro** kamen für das Vorhaben in einer bisher einmaligen Spendenaktion aus aller Welt zusammen.
Zum Reformationstag 2005 wurde das **Wunder von Dresden** vollendet, die einmalige steinerne Glocke komplettierte von nun an wieder die Stadtsilhouette. International etablierte sich das Bauwerk als eines der fünf bekanntesten Wahrzeichen in Deutschland. Der Ruf aus Dresden hat sich auf eindrückliche Weise erfüllt.

Deutschlands erstes Schloss in Meißen

Bereits 1471 hatten die beiden gemeinsam regierenden Wettiner, Ernst und Albrecht, den berühmten Baumeister Arnold von Westfalen mit dem Bau einer Residenz auf dem **Meißner Felsvorsprung** hoch über der Elbe beauftragt. Bestechend waren vor allem die neuartigen Zellengewölbe, die Vorhangbogenfenster und der Große Wendelstein. Mit dem Dom und dem ehemaligen Bischofsschloss bildete das Schloss ein einzigartiges architektonisches Ensemble. Meißen sollte als Aushängeschild für ein vor Ehrgeiz strotzendes, reichspolitisch agierendes Kursachsen dienen. Das prachtvolle Bauwerk trug nach außen hin diesen Anspruch der Wettiner offen zur Schau und gilt daher als erstes deutsches Schloss. 1485 jedoch trennten sich die Brüder im Streit. Der östliche Teil des damaligen Kursachsen ging mit der neuen Burg an Albrecht, die fortan dessen Namen trug. Der Herzog jedoch entschied sich für eine Hofhaltung in Dresden. Nach schweren Beschädigungen im Dreißigjährigen Krieg stand das **Meißner Schloss** um 1700 gänzlich leer. So konnte es bis 1863 zweckentfremdet als Porzellanmanufaktur dienen.

Porzellanherstellung im Schloss

Die meisten Zeitgenossen halten Meißen für den Ursprung des sächsischen Porzellans. Das ist nicht ganz falsch, denn bereits 1710 ließ August der Starke hier die **Porzellanmanufaktur** eröffnen.

Königliche Porzellan-Manufaktur zu Meißen

Das Verfahren zur Herstellung von europäischem Hartporzellan hatten **Tschirnhaus** und **Böttger** aber ein Jahr zuvor in **Dresden** entdeckt. Das Geheimnis war damals außerordentlich wertvoll, so entschied man sich, die Fabrikation nach Meißen zu verlegen. Dort stand – an außerordentlich traditionsreichem Orte – ein Schloss leer.

Zeithainer Lager

Vier Obelisken erinnern in **Zeithain** an ein militärisches Schauspiel, welches an Pracht und Frohsinn wohl seinesgleichen sucht: Im Mai 1730 versammelte sich halb Europa in dem kleinen sächsischen Ort. Hinter der großartigen Inszenierung des „**Zeithainer Lagers**" steckte einmal mehr August der Starke. Der Kurfürst präsentierte nach dem Desaster der Nordischen Kriege eine neu aufgestellte Armee. Von Zeitgenossen als **Spektakel des Jahrhunderts** bezeichnet, gab sich selbst der Soldatenkönig Friedrich Wilhelm I. außerordentlich verblüfft über die Leistungsfähigkeit der sächsischen Armee. Es wäre nicht August der Starke gewesen, wenn zum Begleitprogramm des Manövers nicht ein fünfstündiges Feuerwerk, italienische Operndiven und französische Schauspieler gehört hätten. Seiffener Drechsler stellten für die Beköstigung des Fußvolks sage und schreibe 30 000 Holzteller her!

Die Arnholds – eine weltweit verstreute Familie mit Wurzeln in Dresden

Der gerade 19-jährige **Max Arnhold** gründete 1864 in Dresden ein privates Bankhaus, dessen Leitung 1881 **Georg Arnhold** übernahm. Bis zum Ersten Weltkrieg entwickelte sich das Finanzinstitut **zur größten Privatbank Sachsens**. Das Stammhaus befand sich in der Waisenhausstraße auf dem Gelände des heutigen Karstadt-Kaufhauses. 1935 wurde das Unternehmen von den Nationalsozialisten „arisiert" und die Familie in alle Winde zerstreut. Heute firmiert in **New York** die Nachfolgegesellschaft „**First Eagle**".

Entführung in die Vergangenheit – Yadegar Asisi

Mit seinen **monumentalen Panoramabildern** entführt er den Besucher in die Vergangenheit: **Yadegar Asisi**. Der in Wien gebürtige Sohn persischer Eltern wuchs in Leipzig auf und studierte 1973–1978 Architektur an der Technischen Universität in Dresden. Mit seinen monumentalen Bildern in Gasometern knüpft Asisi an die Tradition der Panoramen im 19. Jahrhundert an und formte aus beiden Begriffen das Wort Panometer zusammen. 2006 öffnete auf dem Gelände der einstigen Gasanstalt in **Dresden-Reick** das 105 Meter lange und 27 Meter hohe „**Panorama 1756 Dresden**". Furore machte Asisi weiter mit seinem Werk „Pergamon – Panorama der antiken Metropole" in Berlin sowie „Leipzig 1813", eine Monumentaldarstellung der Völkerschlacht anlässlich ihres 200-jährigen Jubiläums.

Asisis Panometer in Dresden

Sozial und wissenschaftlich engagagiert

Seit dem Ende des 19. Jahrhunderts engagierte sich die Familie Arnhold für soziale Zwecke und die Entwicklung der Wissenschaft in Dresden. Das **Georg-Arnhold-Bad** erinnert an den früheren Bankier. In der jüngeren Gegenwart leistete die Familie auch Beiträge für den Wiederaufbau der **Frauenkirche** und der **Synagoge**.

Michael Ballack – torgefährlichster Mittelfeldspieler

Er konnte mit beiden Füßen schießen und treffen: Der langjährige Kapitän der deutschen Fußballnationalmannschaft erblickte 1976 in Görlitz das Licht der Welt. Bereits ein halbes Jahr später zog die Familie nach **Karl-Marx-Stadt**, wo Michael im Alter von sieben Jahren mit dem Fußballspielen begann. Über den FC Karl-Marx-Stadt (später Chemnitzer FC) kam der talentierte Ballack nach Kaiserslautern, wo er in der ersten Saison am sensationellen ersten Meistertitel eines Aufsteigers (1998) teilhatte. Inzwischen bereits Nationalspieler, wechselte der Sachse im Folgejahr zu Bayer Leverkusen. Weitere Stationen seiner glanzvollen Karriere waren der FC Bayern München und der FC Chelsea. Ab 2004 trug Ballack sechs Jahre lang die Kapitänsbinde der deutschen Nationalmannschaft.

Tragisch ...
Tragisch war seine Verletzung beim FC Chelsea im Mai 2010, die eine Teilnahme an der Weltmeisterschaft vereitelte und seine Karriere knickte. Im Jahr 2010 kehrte Ballack nach Leverkusen zurück. Als bisher **erfolgreichster Mittelfeldspieler** schoss er für die Nationalmannschaft in 98 Spielen 42 Tore. In seiner aktiven Zeit galt der dreifache **Fußballer des Jahres** als beliebtester deutscher Fußball-Werbeträger, er begleitete Kampagnen u. a. von adidas, McDonald's, Sony und Samsung.
Als tragisch könnte man dann auch wieder den Abschied aus der Nationalmannschaft beschreiben: Ballack wollte 35-jährig mit zur Endrunde der Europameisterschaft 2012, doch Bundestrainer Löw hielt seine Form nicht für ausreichend.

Friedrich Eduard Bilz – Gesund ohne Pillen!

Das 19. Jahrhundert kannte weder Fernsehen noch Internet; und doch kürte es schon seine Superstars. Zu ihnen gehörte der 1842 in **Arnsdorf** bei Penig geborene **Friedrich Eduard Bilz**. Der Webergeselle arbeitete ab 1860 in **Meerane**, wo er unter den entsetzlichen Arbeitsverhältnissen seiner Zeit litt. Während seine Frau über einen Kolonialwarenhandel für den Lebensunterhalt sorgte, konnte sich Bilz alsbald autodidaktisch der **Naturheilkunde widmen**. 1882 trat er mit dem Band „Das menschliche Lebensglück" an die Öffentlichkeit. 1888 erschien „Bilz, das neue Heilverfahren, ein Nachschlagebuch für Jedermann in gesunden und kranken Tagen". Das alsbald als „**Bilz-Buch**" bezeichnete Werk erklärte komplizierte medizinische Themen mit schlichten Worten und gab einfache Heilempfehlungen. Es war reich illustriert, wurde in mehrere Sprachen übersetzt und erreichte schließlich Millionenauflagen.
Mit der Übersiedlung nach **Radebeul** entstanden ab 1890 schrittweise das legendäre **Wellenbad** oberhalb des Lößnitzgrundes und das **Bilz-Sanatorium**, wo Heilfasten und Entschlackungskuren, Massage, Kieslaufen bei Minusgraden oder Behandlung mit Lichtwellen zum Angebot gehörten. Er kreierte die Bilz-Brause „**Sinalco**", aber schlief auch gern nackt auf dem Balkon.

Er war ein guter Freund Karl Mays
Für den Bekanntheitsgrad des Naturheilers und seiner Kuren spricht, dass der seit 1898 in Leipzig betriebene **Bilz-Verlag** 1899 eine **Filiale in Paris** und im Folgejahr eine weitere in **London** einrichtete.
Bilz war befreundet mit **Karl May** und wurde 1922 neben dem Erfolgsautor auf dem Friedhof in Radebeul-Ost beigesetzt. Das Sanatorium in der Oberlößnitz beherbergt heute Wohnungen für Senioren.

Günter Blobel – ein engagierter Nobelpreisträger

Der 1936 in Waltersdorf (heutige polnische Woiwodschaft Lebus) geborene **US-Amerikaner** Günter Blobel erhielt 1999 den Nobelpreis für Medizin. Auf der Flucht konnte der Neunjährige Ende Januar 1945 noch die **Schönheit Dresdens** bewundern, dessen Untergang er am 13. Februar aus der Nähe verfolgen musste. Die Stadt hinterließ einen bleibenden Endruck, so spendete Blobel das **Preisgeld** des Nobelpreises für den Wiederaufbau der **Frauenkirche**. Bis heute setzt er sich für den originalgetreuen Wiederaufbau des **Dresdner Neumarktes ein** und kämpft für die Bewahrung des natürlichen Charakters der **Elbwiesen**.

Bernardo Bellotto, genannt Canaletto in Pirna

Der historische Markt von Pirna gibt sich wie zu Canalettos Zeiten

Der Wiederaufbau von Warschau erfolgte nach seinen Veduten (Ansichten wirklichkeitsgetreuer Landschaften) und die Dresdner rühmen den wiedererstandenen „**Canalettoblick**" auf ihre Stadt: Der italienische Maler **Bernardo Bellotto** gehört zu den bekanntesten Malern des 18. Jahrhunderts.

Zwischen 1753 und 1756 wirkte der Künstler in **Pirna** und hinterließ mehrere Ansichten der mittelalterlich geprägten Stadt. Im Unterschied zu Dresden und Warschau hat dessen Stadtbild nicht unter Kriegen gelitten. Eine Kopie der Vedute vom **Pirnaer Markt** mit dem hoch aufragenden Giebel des **Canalettohauses** ist heute im Café gegenüber zu sehen. Originell: Der Blick aus dem Fenster des Cafés zeigt das Original – wenn man so will.

Teresa Carreño – Venezolanerin in Coswig

Teresa Carreño und Eugen d'Albert

Als die Stadt **Coswig** die klassizistische „**Villa Teresa**" 2000–2002 für kulturelle Zwecke sanieren ließ, stellte der venezolanische Staat überraschend finanzielle Mittel bereit. Die Begründung liegt eine Weile zurück: In der Villa unweit der Elbe lebten zwischen 1891 und 1895 der Pianist und Komponist **Eugen d' Albert** und seine venezolanische Gattin **Teresa Carreño**. Angesichts ihrer damaligen Bekanntheit nimmt es nicht wunder, dass sie in den Sommermonaten namhafte Gäste begrüßen konnten: **Richard Strauss**, **Engelbert Humperdinck**, **Edvard Grieg**, **Johannes Brahms**, **Ernst von Schuch** oder den

Pianoforte-Fabrikanten **Carl Bechstein**. Die Venezolanerin **Teresa Carreño** selbst komponierte zwei nationale Chorwerke: „Himno a Bolívar" und „Himno a El Ilustre Americano". Das erklärt ihre bis heute andauernde Verehrung in dem südamerikanischen Land.

Schreibtisch der Gräfin Cosel (Foto Klaus Schieckel)

Gräfin Cosel auf Stolpen

Anna Constantia Reichsgräfin von Cosel (1680–1765) ist die heute populärste **Mätresse** Augusts des Starken. Sie entsprach dem barocken Schönheitsideal in allerhöchstem Maße, wusste ihre Reize jedoch auch entsprechend einzusetzen. Bei ihrer Ehe verheimlichte die 22-Jährige dem Gatten Adolph Magnus von Hoym ihr uneheliches Kind. Nach nur drei Jahren ließ sich der Graf 1706 von der „bösartigen und herrschsüchtigen" Frau scheiden.
Bereits 1705 war August der Starke auf die außergewöhnlich gebildete **Anna Constantia** aufmerksam geworden und holte sie – gegen den ausdrücklichen Rat Hoyms – als Mätresse an den Hof. Drei Kinder gebar sie dem König und wurde von ihm zur Reichsgräfin erhoben. August überhäufte sie weiter mit Geld- und anderen Geschenken, darunter auch das Dresdner Taschenbergpalais, **Schloss Pillnitz** sowie das **Spitzhaus Radebeul** mit seinen Weingütern.
Doch begann sich die Cosel sehr schnell in die Politik einzumischen und verhandelte hinter dem Rücken des Königs sogar mit den schwedischen Kriegsgegnern. Die Gräfin sah dabei das Debakel voraus, welches August in den Nordischen Kriegen erlitt.
Anna Constantia fiel 1713 in Ungnade und wurde auf Schloss Pillnitz verbannt. 1715 flüchtete die 35-Jährige ins feindlich gesinnte Preußen und kam so im Folgejahr in die Verbannung auf die Festung Stolpen. Dort verbrachte die Arrestierte 49 Jahre ihres Lebens, die Zeit ab 1743 durchaus freiwillig. August der Starke hatte ihr einen bedeutenden Teil ihres Vermögens belassen. Ihre gemeinsamen drei Kinder Augusta Constantia, Friederike Alexandra sowie Friedrich August wurden bestens ausgebildet, versorgt und verheiratet.
In **Stolpen** residierte die Cosel im ausgebauten Zeughaus. Durch bauliche Vernachlässigung und einen Brand infolge eines Blitzeinschlags kam ihr unfreiwilliges Heim zu Schaden. Für zwei Jahrzehnte zog sie in den Johannisturm, vom Volksmund auch **Coselturm** genannt. Nach ihrem Tode im Alter von 85 Jahren wurde die einstige Mätresse des längst verstorbenen Königs August II. in der Burgkapelle zu Stolpen beigesetzt.

Heinrich von Cotta – Lehrmeister des Waldes

Johann Heinrich Cotta (1763–1844) wurde 1810 königlich-sächsischer Forstrat und begründete im Folgejahr die forstwirtschaftliche Lehranstalt in Tha-

randt. Sie ist heute Bestandteil der **Technischen Universität Dresden** und gehört zu den ältesten Einrichtungen ihrer Art in der Welt.
Cotta stellte sich der Aufgabe, der **Zerstörung sächsischer Wälder** durch die sprunghafte Holznachfrage aus Bergbau und Hüttenwesen mit einer geregelten Forstwirtschaft zu begegnen.

Goethe und von Humboldt waren seine Gäste
Für den Grad **Johann Heinrich Cotta**s damaliger Bekanntheit sprechen Besuche **Johann Wolfgang von Goethes** (1813) oder **Alexander von Humboldts** (1830) in Tharandt.
Cottas Wirken ist wohl auch die Bezeichnung des Tharandter Waldes als „**schönster Wald Sachsens**" zu danken. Anlässlich seines 80. Geburtstages pflanzten seine Studenten dort 80 Eichen. Sie markieren heute auch „Cottas Grab" im Tharandter Wald.

Ungeliebt und doch geliebt – Dynamo Dresden

Wäre es nach den DDR-Oberen gegangen, dann wären FDGB-Pokal und Meistertitel immer an den hauptstädtischen Verein BFC gegangen. Ebenso politisch motiviert musste die 1953 gegründete **Sportgemeinschaft Dynamo Dresden** nach der Wende in **1. FC Dynamo Dresden** umbenannt werden. Nach dem Verständnis der heutigen Parteisoldaten passte das volkstümliche „Dynamo" nicht zu der betulichen Residenzstadt. Dennoch brachte ein Mitgliederentscheid 2007 die Rückbenennung in SG Dynamo. Auch in der Gegenwart sprechen die Zuschauerzahlen ihre eigene Sprache. Mit fast zwölftausend Mitgliedern ist Dynamo der mitgliederstärkste Verein der neuen Bundesländer.

35 000 „Solidaritäts-Tickets" im „Geisterspiel"
Achtmal triumphierte **SG Dynamo Dresden** in der DDR-Oberliga, siebenmal wurde die Mannschaft damals Pokalsieger. Anlässlich des Meistertitels 1989 komponierte Bernd Aust von der Gruppe Electra die Vereinshymne „**Wir sind der zwölfte Mann**".
Gerade bei den Ost-Derbys füllt die Mannschaft das 2009 neu errichtete Fußballstadion mit seinen 32 000 Plätzen. Unter den Zuschauern befinden sich leider oft gewaltbereite Fans aus nah und fern. Nach mehreren Ausschreitungen bestrafte der DFB den ungeliebten Ostverein in einem tendenziösen Verfahren mit dem Ausschluss aus dem DFB-Pokal 2012/13 und hätte damit das wirtschaftliche „Aus" der Profimannschaft provoziert. In der Berufung wurde die Verurteilung auf eine Geldstrafe und ein so genanntes „Geisterspiel" (Spiel ohne Zuschauer) reduziert.
Im März 2012 fand die Partie gegen Ingolstadt vor leeren Zuschauerrängen statt, wobei der Verein fast 35 000 „Solidaritäts-Tickets" verkauft hatte, also mehr, als das Stadion überhaupt hätte Fans fassen können. 2012 behauptete sich Dynamo Dresden erfolgreich in der Zweiten Fußballbundesliga.

Pop aus Dresden – Electra

Die 1969 als **Electra-Combo** gegründete Gruppe „Electra" gehört zu den ältesten aktiven Bands in der Bundesrepublik. Die damaligen Studenten der Dresdner Musikhochschule Carl Maria von Weber um **Bernd Aust** wurden mit elektronisch unterstützten Adaptionen klassischer Musik bekannt. Zu ihren Stärken gehören ausdrucksstarker Gesang und lange Instrumentalsoli. Umjubelte Erfolge waren u. a. „**Tritt ein in den Dom**" mit Stephan Trepte als Solosänger sowie das Album „**Sixtinische Madonna**". 1980 gewann Electra mit dem Hit „**Es brennen die Berge und Wälder**" den Grand Prix des Internationalen Schlagerfestivals Dresden. Nach der Jahrtausendwende tritt die Gruppe mit den artverwandten Bands „Lift" und „Stern Meißen" – in einem Rückgriff auf eine wertvolle Briefmarke – in Rockkonzerten als **Sachsendreier** auf.

Der Idealist – Johann Gottlieb Fichte

Büste Johann Gottlieb Fichtes in Rammenau

Obgleich er nicht im Schloss residierte, erinnert eine Stele im Landschaftspark an den berühmtesten Sohn von Rammenau: 1762 wurde **Johann Gottlieb Fichte** in dem Ort als Sohn eines armen Bandwebers geboren.

Der außerordentlich intelligente Knabe fiel anlässlich einer kuriosen Begebenheit auf: Ein wohlgeborener Gast des Gutsherrn hatte die sonntägliche Predigt verpasst. Daraufhin ließ man den jungen Johann Gottlieb rufen. Der Zehnjährige wiederholte die Predigt in Inhalt und Gestik so überzeugend, dass ihm der Freiherr Haubold von Miltitz die Schulzeit in der **Meißner Stadtschule** ermöglichte.

Von Rammenau aus machte Fichte seinen Weg als **bedeutender deutscher Philosoph** und begründete den **metaphysischen Idealismus**. 1814 in Berlin verstorben, trägt sein Grabstein die Inschrift: „Die Lehrer aber werden leuchten wie des Himmels Glanz, und die, so viele zur Gerechtigkeit weisen, wie die Sterne immer und ewiglich."

Samuel Hahnemann – Erfinder der Homöopathie

Der Begründer der Homöopathie, Samuel Hahnemann, erblickte am 10. April 1755 in **Meißen** das Licht der Welt. Der Sohn eines Porzellanmalers erhielt nach dem Besuch der Stadtschule ein Stipendium für die renommierte **Fürstenschule St. Afra**.

Im Alter von 20 Jahren nahm Hahnemann ein Studium an der **Universität Leipzig** auf, wechselte alsbald nach Wien und promovierte bereits 1779 als Mediziner in Erlangen. In einem unsteten Leben wirkte er als Übersetzer von Fachliteratur, als Arzt und Schriftsteller. Anfang des 19. Jahrhunderts lassen sich erste **homöopathische Behandlungen** nachweisen. 1805 führte er den Begriff in einem Fachaufsatz ein. Fünf Jahre später erschien sein Grundlagenwerk – „**Organon der rationellen Heilkunde**" – eine bis heute anerkannte theoretische Schrift. Nun stellte sich auch beruflicher Erfolg ein.

Als anerkannter Begründer der heilkundlichen Schule erwarb er 1812 die Lehrbefugnis an der Leipziger Universität. Seine neue Lehre blieb natürlich nicht unumstritten, so dass er sich mehrfach heftige Dispute mit Medizinern lieferte. Auch die Leipziger Apotheker stritten gegen ihn, weil sie das Privileg zur Herstellung von Medizin – mit Erfolg – für sich beanspruchten. So wechselte Hahnemann 1821 in die Position eines Hofrats an den anhaltinischen **Hof zu Köthen**.

„Ich habe nicht unnütz gelebt"
Nach dem Tod seiner ersten Frau verführte ihn eine 45 Jahre jüngere französische Malerin in **Köthen** zu einer stürmischen Liaison und schließlich – ohne kirchlichen Segen – in den Hafen der Ehe.
Hahnemann verbrachte die letzten acht Jahre seines Lebens in Paris. Zu seinen berühmtesten Patienten gehörte dort der Wundergeiger **Niccolò Paganini**. 1843 in der französischen Hauptstadt verstorben, trägt sein Grabstein die Inschrift „Non inutilis vixi" (Ich habe nicht unnütz gelebt).

Singender Sachse – Jürgen Hart

Vermutlich würde es der bewusste Bürger von **Treuen** harsch zurückweisen, von Zugereisten als „Sachse" bezeichnet zu werden. Schließlich liegt die Kleinstadt eindeutig im Vogtland! Und doch stammte einer von jenen bodenständigen Menschen, die in fern und nah als „Sachse" bezeichnet werden, gerade von hier: **Jürgen Hart**. 1942 in Treuen geboren, unternahm er bereits während seiner Schulzeit im vogtländischen **Auerbach** die ersten Versuche im Schulkabarett. 1966 gehörte Hart zu den Mitbegründern der studentischen „**academixer**" an der **Leipziger Karl-Marx-Universität**, die er später leitete. Ungeachtet der Beliebtheit seines Kabaretts waren dessen Programme zumeist tagesaktuell und haben sich dadurch bald überholt.

„Sing, mei Sachse, sing"
Jürgen Hart hat sich mit seinem Song „**Sing, mei Sachse, sing**" ein Denkmal gesetzt. Das 1979 veröffentlichte Lied wurde 200 000-mal als Tonträger verkauft.

„Sing, mei Sachse, sing!
Es ist en eichen Ding.
Und ooch a düchtches Glück
um d'n Zauber der Musik.
Schon des gleenste Lied,
des leecht sich off's Gemüt.
Und macht dich oochenblicklich
zufrieden, ruhig und glücklich!"

Im Alter von 59 Jahren verstarb Hart in Leipzig und wurde auf dem Leipziger Südfriedhof neben der sächsischen Mundartdichterin Lene Vogt beerdigt.

Stefanie Hertel – goldene Stimme aus dem Vogtland

Neben ihrem Vater stand Stefanie im Alter von vier Jahren das erste Mal auf der Bühne. Zwei Jahre später verzeichnete sie ihren ersten Fernsehauftritt beim „**Oberhofer Bauernmarkt**". Mit 13 gewann die im **vogtländischen Oelsnitz** gebürtige Sängerin den **Grand Prix der Volksmusik** mit ihrem Titel „Über jedes Bacherl geht a Brückerl".
Es schien das Traumpaar der Volksmusik zu sein: Ab 1994 waren **Stefanie Hertel** und **Stefan Mross** ein Paar, dem 2001 die Tochter Johanna geboren wurde. Zehn Jahre später ließen sich die beiden Sänger voneinander scheiden, kündigten jedoch an, künstlerisch weiter freundschaftlich zusammenarbeiten zu wollen. Mehrfach wurde Hertel mit der „**Goldenen Henne**" und dem **Herbert-Roth-Preis** ausgezeichnet.

Terence Hill – Schulzeit in Lommatzsch

Nein, geboren wurde Terence Hill nicht in Sachsen, sondern 1939 in Venedig. Damals trug er noch den durchaus klangvollen Namen Mario Girotti. In den Wirren des Zweiten Weltkriegs verschlug es die Familie 1943 ins Heimatstädtchen seiner Mutter, nach **Lommatzsch**. Sein Vater Girolamo Girotti arbeitete damals in einem Dresdner Betrieb der Schering AG.
Mario ging in dieser Zeit in Lommatzsch in die Vorschule, erlernte Deutsch als seine Muttersprache und sprach ein gepflegtes Sächsisch.
Während der Vater in Dresden arbeitete, musste der Junge die unzähligen Bomber im Anflug auf Dresden erleben. Der nächtliche Glutschein und das Dröhnen der Bomber sorgen noch Jahre später für Alpträume bei dem Jungen. Der Vater überlebt die Angriffe unverletzt, konnte aber erst nach Tagen zu seiner Familie zurückkehren.
Zwei Jahre später verließ Familie Girotti Lommatzsch, um nach Italien zurückzukehren.

Die beste Zeit seines Lebens – Kindheit in Lommatzsch

1951 spielte Mario (später **Terence Hill**) in dem Streifen „Vacance col gangster" den Anführer einer Jugendbande und avancierte schnell zum italienischen Filmstar. In Deutschland wirkte Girotti später in Karl-May-Verfimungen mit, bevor er in „Gott vergibt, Django nie!" erstmals seinen unnachahmlichen durchdringenden Blick aufsetzte. Für das internationale Parkett musste ein englischer Name her – aus 20 Vorschlägen in einer Liste wählte der Schauspieler „**Terence Hill**" aus. An seiner Seite tauchte bald ein gewisser **Bud Spencer** auf. Schnell beendete das coole Duo die Ära der blutigen Italo-Western. In 17 Action-Komödien feierten Spencer und Hill Erfolge. Privat prägte sie eine pazifistische Weltanschauung. Das Filmangebot aus Hollywood für einen Vietnam-Rambo lehnte Terence Hill ab. 1995 besuchte der Mann mit dem stahlblauen Blick erstmals wieder die **Stätte seiner Kindheit** – Lommatzsch in Sachsen: „Die beste Zeit meines Lebens. Die vielen Freunde und die Natur, ich weiß es noch wie heute", erinnerte sich der Filmstar und spendete der Stadt eine Riesenrutsche im Freibad.

August Horch in Zwickau

1903 stellte der umtriebige **August Horch** (1868–1951) im sächsischen **Reichenbach** den ersten deutschen Pkw mit einem Vierzylindermotor vor. Im Folgejahr siedelte er nach **Zwickau** um und gründete hier die A. Horch & Cie. Motorenwerke AG. Qualität, Luxus und fortschrittliche Technik zeichneten fortan die Marke aus. Anfängliche Erfolge bei Automobilwettbewerben waren jedoch nicht von Dauer, so dass es zu Zerwürfnissen mit dem Vorstand kam. Horch musste das Unternehmen verlassen und verlor sogar noch den Kampf um die Rechte – an seinem eigenen Namen!

Der Sohn eines Freundes kam schließlich auf eine geniale Idee: Ab 1910 produzierte August Horch Fabrikate unter der heute allseits bekannten lateinischen Übersetzung seines Familiennamens „Audi".

Als 42-Jähriger zog sich der Ingenieur aus dem aktiven Geschäft zurück und arbeitete fortan als Sachverständiger.

Neugründung in der Bundesrepublik

1931 wurden die vier wichtigen sächsischen Automobilhersteller Horch, Audi, Wanderer und DKW zur **Auto Union AG** mit Sitz in **Zschopau** vereinigt. Ende der 1930er-Jahre erzielte die Edelmarke Horch einen Marktanteil von 50 Prozent im Luxussegment, im Gesamtgeschäft rangierte das Unternehmen mit den vier Ringen auf dem zweiten Platz hinter Opel.

Nach dem Volksentscheid zur Enteignung der in die nationalsozialistische Kriegswirtschaft involvierten Werke der Auto Union erfolgte die Löschung aus dem Chemnitzer Handelsregister und somit die Aufgabe der Namensrechte. An der Neugründung der Auto Union 1949/50 in der Bundesrepublik wirkte August Horch mit. In der DDR suchten die Volkseigenen Betriebe Sachsenring mit anfänglichen Erfolgen an die großen Traditionen des Standortes anzuknüpfen.

Audi B (Foto August Horch-Museum Zwickau)

Das 1986 initiierte und 2005 in seiner heutigen Form eröffnete **August Horch-Museum** befindet sich in der westsächsischen Stadt **Zwickau**, der einstigen Wirkungsstätte August Horchs. Inmitten des alten Audi-Werkes werden die Entwicklungen von Horch über Audi bis zum Trabant dokumentiert.

Sigmund Jähn – Deutschlands erster Raumfahrer

Kosmonaut Sigmund Jähn

Es gibt wenige Persönlichkeiten in Deutschland, die zu Lebzeiten ein eigenes Museum vorweisen können. Noch verwunderlicher ist die Lokalisierung der „**Deutschen Raumfahrtausstellung**" am Rande eines beschaulichen Ortes im Vogtland, der zudem den putzigen Namen **Morgenröthe-Rautenkranz** trägt. Es ist der Geburtsort des ersten deutschen Kosmonauten **Sigmund Jähn**.
Obwohl ihm Effekthascherei damals wie heute zuwider ist, entstand mit dem aus EU-Mitteln erbauten Ausstellungskomplex ein echtes Highlight. Der Besucher kann das Trainingsmodul der **Raumstation MIR** besichtigen und erfährt in dem Erholungsort etwas über die Kosten eines Raumfahrtsausfluges. Den Schwerpunkt legt die Ausstellung auf die deutschen Raumflieger. Die Landschaft muss geradezu zum Stürmen des Himmels anregen, denn neben Sigmund Jähn kommt auch der erste deutsche Astronaut – **Ulf Merbold** – aus dem **Vogtland**, wenn auch aus der thüringischen Residenzstadt Greiz.
Dem Kosmonauten war sein Werdegang nicht in die Wiege gelegt. Sein Vater war in Morgenröthe-Rautenkranz Sägewerksarbeiter, die Mutter Näherin. Detailliert wird der erste deutsche Raumflug vom 26. August bis 3. September 1978 beschrieben.

Übrigens:
Wer bislang die deutsche Bürokratie beklagte, wird nebenbei eines Besseren belehrt: Die Ausstellung präsentiert die **Zollerklärung** der Astronauten der US-amerikanischen Mondmission Apollo 11 um **Neil Armstrong**, die dieselben 1969 bei ihrer Rückkehr auszufüllen hatten. Das Papier enthielt den Flugverlauf, die Personen und die Beschreibung des mitgebrachten Materials vom Mond. Die Beteuerung, keine ansteckenden Krankheiten einzuschleppen, nützte wenig. Mitten im Kalten Krieg hatte Amerika allen Grund zu jubeln. Seine Helden steckte es jedoch 14 Tage in Quarantäne.

Theodor Körner – Lützows verwegener Jäger

Theodor Körner

Der deutsche Dichter und Dramatiker Theodor Körner wurde 1791 in der **Dresdner Neustadt** geboren. Der außerordentlich interessierte, wilde junge Mann studierte an der **Bergakademie Freiberg** und der **Leipziger Universität**. Da ihm dort die Relegation aufgrund eines verbotenen Duells drohte, flüchtete er nach Berlin und weiter nach Wien. An der Donau schrieb Körner Lustspiele für das **Burgtheater** und wurde aufgrund des Erfolges mit dem Drama „Zriny" über den ungarischen Befreiungskampf gegen die türkische Fremdherrschaft schon 1812 kaiserlich-königlicher Hoftheaterdichter. Als Preußen zum Kampf gegen Napoleon rief, kündigte Körner und trat in Breslau dem Lützow'schen Freikorps bei. Der schon bekannte Künstler kämpfte mutig und dichtete, so: „Frisch auf, ihr Jäger, frei und flink." Kein Geringerer als **Carl Maria von Weber** vertonte Körners wohl bekanntestes Gedicht: „Das ist Lützows wilde verwegene Jagd".
Alsbald avancierte der kampfeslustige 21-Jährige zum Adjudanten Lützows. Im August 1813 fiel Körner unweit von Gadebusch bei einem Streifzug gegen feindliche Truppen. Der junge Kämpfer des Lützow'schen Freikorps hatte nicht einmal sein 22. Lebensjahr vollendet und wurde schnell zur patriotischen Identifikationsfigur gegen die Fremdherrschaft. Vielerorts erinnern gerade in Sachsen Körnereichen, Gedenktafeln sowie Büsten und Statuen an die **Kultfigur der damaligen Jugend**.

Kraftklub aus Chemnitz

Das Konzert im Szenekiez **Friedrichshain** ist ausverkauft. Tausende Berliner Fans grölen „**Ich will nicht nach Berlin**!", den bislang erfolgreichsten Titel der fünf **Chemnitzer Pop-Stars**. Mit Sprüchen wie „**Unsere Eltern kiffen mehr als wir. Wie soll man rebellieren?**", treffen die Jungs um **Felix** und **Till Brummer** den Nerv ihrer Zeit. Im Januar 2012 schoss das Kraftklub-Debütalbum „Mit K" von null auf eins der deutschen Album-Charts. Die Mischung aus Indie und Rap ist nicht unbedingt neu. Es sind eher die provokanten Parolen, in denen sich die geborenen „Karl-Marx-Städter" gegen den verordneten Aufschwung-Ost-Jubel als Loser darstellen. Ihr freches Erfolgskonzept: Sie klauen die besten Ideen anderer und bringen sie möglichst cool auf die Bühne. Und das mit Erfolg.

Ferdinand Adolph Lange

Ferdinand Adolph Lange (1818–1875) wuchs in Dresden bei Pflegeeltern auf, die ihm ein Studium am **Dresdner Polytechnikum** und eine solide Ausbildung beim Hofuhrmacher Johann Christian Friedrich Gutkaes sen. ermöglichten. Anschließend vervollständigte er seine Kenntnisse während einer vier-

Ferdinand Adolph Lange

jährigen Wanderschaft bei berühmten Uhrmachern in Frankreich, England und der Schweiz. Nach der Rückkehr nach Dresden wurde er 1841 mit dem Sohn seines Ausbilders Teilhaber der Firma **Gutkaes & Lange**. Doch der junge Unternehmer wollte im aufblühenden Industriezeitalter neue Wege begehen – weg von der rein handwerklichen zur arbeitsteiligen Produktion größerer Serien in höchster Qualität.

Ein rückzahlbares königliches Darlehen gestattete Ferdinand Adolph Lange 1845 die Gründung der Firma „**A. Lange, Dresden**" in Glashütte. Für den Unternehmer war das niedrige Lohnniveau im Osterzgebirge eine wichtige Voraussetzung für den Erfolg. Er stellte sich jedoch den Verpflichtungen gegenüber dem königlichen Staat und förderte die Ausbildung der Anwohner.

Das Jahr 1845 markiert den nicht einfachen Beginn der traditionsreichen Uhrenproduktion in **Glashütte**. Neue Werkzeuge und Technologien garantierten den Erfolg des Unternehmens, welches nach dem Eintritt seines Sohnes Richard Lange bis heute als „**A. Lange & Söhne**" firmiert. Lange sen. stellte sich als Bürgermeister und Abgeordneter des sächsischen Landtags auch der politischen Verantwortung. Unter den heutigen Uhrenproduzenten in Glashütte ist die zur Schweizer Richemont-Gruppe gehörende Manufaktur mechanischer Uhren A. Lange & Söhne die prestigeträchtigste Marke.

Daniel Libeskind baut in Dresden einen Keil

Die Sachsen sind weder für eine prägende militärische Gesinnung noch durch herausragende Kriegserfolge bekannt. Und doch entstand ab 1873 am Nordrand der Residenzstadt Dresden, unter der Ägide des Generals Alfred von Fabrice, die **größte Kasernenanlage Deutschlands**, die so genannte **Albertstadt**. 1877 wurde das Arsenal-Hauptgebäude zur Bewahrung von militärischen Geräten fertig gestellt. Bereits 1914 wurde hier ein Armeemuseum eingerichtet. Mit einer Nachkriegsunterbrechung 1945–1972, als das kaum beschädigte Gebäude der zerstörten Stadt als Nordhalle für Ausstellungen und Märkte diente, behielt es diese Zweckbestimmung bis heute.

Von 2004 bis 2011 wurde der historische Bau für das **Militärhistorische Museum** der Bundeswehr umgebaut. Der Entwurf stammt aus der Feder des amerikanischen Stararchitekten **Daniel Libeskind**. Prägend für den Umbau wurde der gewaltige Pfeil, der das Gebäude auf der Westseite zerschneidet. Der umstrittene Einbau soll Bezug nehmen auf den keilförmigen Anflug der britischen Bomberverbände am 13. Februar 1945 auf die Stadt.

Abkehr vom sozialistischen Realismus – Wolfgang Mattheuer

Wolfgang Mattheuer wurde 1927 im vogtländischen **Reichenbach** geboren. Nach dem Studium an der **Hochschule für Graphik und Buchkunst** wirkte er zwei Jahrzehnte an derselben.
In Abkehr vom sozialistischen Realismus begründete Mattheuer gemeinsam mit Werner Tübke und Bernhard Heisig die das Kulturleben der DDR prägende „**Leipziger Schule**": Künstlerischer Anspruch und gesellschaftliche Analyse waren deren Markenzeichen. Mattheuers Werke sorgten auf den zentralen Kunstausstellungen der DDR in Dresden für großes Aufsehen. Werke wie „Hinter den sieben Bergen" (Öl, 1972) oder „Der Jahrhundertschritt" (Bronze, 1984) kennzeichnen die Vielseitigkeit des 2004 verstorbenen Künstlers.

Unbequem, nie angepasst

Seit 1958 Mitglied der SED und ab 1978 Mitglied der Akademie der Künste der DDR, war **Mattheuer** nie ein bequemer, angepasster Mensch. In der Ära Gorbatschow wuchsen seine Differenzen mit der herrschenden Kulturpolitik, so dass er 1988 aus der SED austrat und sich aktiv an den Montagsdemonstrationen beteiligte. Der 2004 verstorbene Mattheuer war Träger des **Nationalpreises der DDR**, des **Bundesverdienstkreuzes** und seit 1985 Ehrenbürger seiner Geburtsstadt Reichenbach.

Karl May – mehrfach im Gefängnis

1842 wurde Karl May als Sohn einer armen Weberfamilie in Ernstthal (heute **Hohenstein-Ernstthal**) geboren. Seine zumeist fiktiven Reiseerzählungen und die Abenteuerromane fanden und finden ein Millionenpublikum. Mays Karriere war jedoch auch von Diebstahl, Betrug und Hochstapelei begleitet, die ihn mehrfach ins Gefängnis oder Zuchthaus brachten und später in ehrabschneidende Prozesse rissen.
Erst in den Dreißigern seines Lebens begann er, sich der Schriftstellerei zu widmen. Dank der Einnahmen aus über einhundert Erzählungen konnte May 1888 nach **Radebeul** ziehen. Die seit 1892 erscheinenden Reiseerzählungen brachten ihm geschäftlichen Erfolg, doch vermischte er in der Old-Shatterhand-Legende mehr und mehr Realität mit Fiktion. 1895 zog er in die Radebeuler Villa Shatterhand, das heutige **Karl-May-Museum**. Gern ließ sich May mit verkleideten Personen ablichten, um seine Legende zu nähren.

Gesamtauflage 200 Millionen

Erst 1899 und 1900 führten zwei Reisen **Karl May** tatsächlich in den Orient, 1908 folgte eine Amerikareise. Karl Mays Jugenderzählungen und Abenteuerromane wurden in 33 Sprachen übersetzt und erreichen eine Gesamtauflage von mehr als 200 Millionen. In seinem Spätwerk widmete er sich weltanschaulich-religiösen Themen mit pazifistischer Tendenz. 1912 starb der Schriftsteller in **Radebeul**. Den Grundstock des

1928 gegründeten Radebeuler Karl-May-Museums bildete die Sammlung seines Freundes, des Indianerforschers Patty Frank, der das Haus auf Bitte von Karl Mays Witwe Klara über drei Jahrzehnte entwickelte und leitete.

Paula Modersohn-Becker – früher Expressionismus

Paula Modersohn-Becker (1876–1907) entstammte einem weltoffenen Elternhaus der Dresdner Friedrichstadt. Ihrem künstlerischen Schaffen entsprangen 750 Gemälde und rund 1000 Zeichnungen. Die Ehe mit dem Maler Otto Modersohn war für die außerordentlich begabte wie unstete Malerin sowohl Ansporn wie Enge. Als Modersohn-Becker mit 31 Jahren in der niedersächsischen Künstlerkolonie Worpswede starb, war aus ihr eine der bedeutendsten Vertreterinnen des **frühen Expressionismus** geworden. Wie weit Modersohn-Becker ihrer Zeit voraus war, zeigte sich drei Jahrzehnte später, als die Nationalsozialisten ihr Werk zur **entarteten Kunst** erklärten.

Jutta Müller – erfolgreichste Eiskunstlauftrainerin der Welt

Die 1928 in **Chemnitz** geborene Eiskunstläuferin gilt als die wohl erfolgreichste Eiskunstlauftrainerin der Welt. Sie selbst erhielt 1949 den DDR-Meistertitel als Paarläuferin und wurde 1953 DDR-Vizemeisterin im Kunstlauf mit Rollschuhen. Nach einem Studium an der **Deutschen Hochschule für Körperkultur Leipzig** avancierte sie 1955 zur Eiskunstlauftrainerin. Insgesamt 42 DDR-Meister-, 18 Europameister- und zehn Weltmeistertitel sowie drei olympische Goldmedaillen konnten ihre Schützlinge erringen.

Zierlich, aber mitunter eisenhart

Die Erfolge begannen mit **Jutta Müllers** Tochter **Gabriele Seyfert**, die 1969 und 1970 **Weltmeisterin im Eiskunstlauf** wurde. **Jan Hoffmann** konnte 1974 und 1980 den **Weltmeistertitel** erringen. Zum Abschluss seiner Karriere wurde er **Olympia-Zweiter**. Die in Karl-Marx-Stadt geborene **Annett Pötzsch** errang 1978 und 1980 den **Weltmeistertitel**. Im selben Jahr krönte sie ihre Laufbahn mit **olympischem Gold**. Die größten Erfolge verzeichnete wohl Jutta Müllers Schützling **Katharina Witt**, die allein **zwei olympische Goldmedaillen**, **vier Weltmeister**- und **sechs Europameistertitel** errang. Die gebürtige Dresdnerin **Evelyn Großmann** errang 1991 als Schützling von Jutta Müller den **Europameistertitel**. Für ihre außerordentlichen Verdienste um die Förderung des Eiskunstlaufsports wurde die Trainerin 2004 in die **Eiskunstlauf-Hall-of-Fame** aufgenommen. Im Jahr 2008 verlieh die Stadt Chemnitz der zierlichen, im Training hingegen eisernen Jutta Müller die Ehrenbürgerschaft.

Napoleon in Dresden

Es gibt eine Unzahl von Gasthäusern in Mitteldeutschland, die mehr oder minder ernsthaft erklären, **Napoleon** wäre bei ihnen eingekehrt oder hätte im Hause übernachtet.

In Dresden weilte der französische Kaiser tatsächlich regelmäßig: Nach dem Frieden von 1806 mit Frankreich war Kursachsen dem Rheinbund beigetreten und blieb bis zur **Leipziger Völkerschlacht** 1813 ein treuer Bündnispartner Napoleons.

Hier weilte Napoleon ...

Im Gegenzug hatte der Kaiser Sachsens Kurfürst Friedrich den Gerechten zum König erhoben. Schon beim ersten Dresden-Aufenthalt 1807 ließ der Bündnispartner ein großes Fest für den Gast von der Seine ausrichten. Unmittelbar vor dem Einmarsch in Russland veranstaltete Napoleon ein dreizehntägiges Fürstentreffen in **Dresden**. Zu seiner Huldigung zitierte er den österreichischen Kaiser Franz I., den Preußenkönig Friedrich Wilhelm III. und andere Fürsten an die Elbe. Den Platz vor der Hofkirche, an dem er die Parade seiner Großen Armee abnahm, markiert bis heute der **Napoleonstein**.

Schlacht bei Dresden – letzter Sieg Napoleons

Vor den jämmerlichen Resten seines Heers traf im Dezember 1812 ein abgerissener Kaiser auf dem Pferdeschlitten in Dresden ein. Nach einem militärisch wechselvollen Winterhalbjahr weilte Napoleon zwischen Juni und Oktober 1813 fast ununterbrochen an der Elbe. Die Residenzstadt erlebte am 10. August eine vorgezogene pompöse Geburtstagsfeier und unmittelbar anschließend in der Schlacht bei Dresden das ganze Grauen des Krieges. Ein letzter Sieg auf deutschem Boden, bevor die Völkerschlacht bei Leipzig am 19. Oktober 1813 Napoleons Schicksal besiegelte.

Friederike Caroline Neuber (Neuberin) reformierte das Schauspiel

In der vogtländischen Kleinstadt Reichenbach ehrt das **Neuberin-Museum** das Andenken der hier 1697 geborenen Reformerin des deutschen Schauspiels. Sie galt als außerordentlich scharfsinnig, ausdauernd und kühn – von Zeitgenossen mit diesen Eigenschaften als „männlich" bezeichnet.

Im Alter von 30 Jahren erhielt sie das kursächsische Hofprivileg, in Leipzig ein festes Haus als Theater zu betreiben. Entgegen dem französischen Theater bei Hofe führte sie Stücke in deutscher Hochsprache auf. In Hamburg verbannte sie 1737 den Hanswurst symbolisch von der Bühne. Die Theaterprinzipalin strebte danach, durch künstlerische Ausbildung, die Zahlung fester Gehälter und Wahrung der Disziplin dem Berufsstand des Schauspielers – gemeinhin als Gesindel diffamiert – zu Ehren zu verhelfen.

Goethe setzte ihr ein literarisches Denkmal
Als sich **Friederike Caroline Neuber** mit ihrem Leipziger Förderer Johann Christoph Gottsched überwarf, versuchte sie sich auf verschiedenen Stationen zwischen St. Petersburg, Wien, Frankfurt/Main und Straßburg. In den letzten Jahren war ihr kein Erfolg beschieden, so dass sie während des Siebenjährigen Krieges 1760 in Laubegast (heute Dresden) verarmt verstarb. Goethe setzte ihr im Roman „**Wilhelm Meisters Lehrjahre**" als „Madame de Retti" ein literarisches Denkmal. Das Neuberin-Museum in Reichenbach/Vogtland widmet sich dem Andenken der Bühnenreformerin und präsentiert zudem Zeugnisse der Theatergeschichte Sachsens und der DDR.

Johann Georg Palitzsch, der Bauernastronom

Johann Georg Palitzsch

1758 – mitten im kriegerischen Treiben des Siebenjährigen Krieges – spürte **Johann Georg Palitzsch** (1723–1788) bei seinen Himmelsbeobachtungen die Rückkehr des Kometen Halley auf. Bis heute ist er bei der NASA als dessen Entdecker geführt.
Der Landwirt aus **Prohlis** (Dresden) hatte sich autodidaktisch Kenntnisse der Astronomie, Botanik und Physik angeeignet. 1758 wies er in einem Gewässer im Großen Garten das Vorkommen von Süßwasserpolypen in Sachsen nach. Palitzschs Vielseitigkeit zeigt sich auch darin, dass ihm die Einführung der Kartoffel im Dresdner Raum nachgesagt wird. Auf seine Veranlassung hin wurde am Dresdner Residenzschloss 1775 ein Blitzableiter montiert.
Der „**Bauer aus Prohlis**" korrespondierte mit bekannten Zeitgenossen wie dem Neffen des berühmt-berüchtigten Grafen Brühl, **Hans Moritz von Brühl**, dem Philosophen **Moses Mendelssohn**, dem Uranus-Entdecker **Friedrich Wilhelm Herschel** und dem sächsischen Kurfürsten **Friedrich August III**. Schon 1877 würdigten die Prohliser den Bauernastronomen mit einem Denkmal auf ihrem Dorfplatz.

Tom Pauls in Pirna

Manche kennen ihn nur als die alte Frau „**Ilse Bähnert**" – **Tom Pauls** in seiner Glanzrolle mit „Günther Zieschong" alias Uwe Steimle. Schon zu DDR-Zeiten hatte der Kabarettist und Schauspieler das weithin bekannte „**Zwinger-Trio**" mitbegründet.
Nach jahrzehntelangem Siechtum küsste Tom Pauls 2011 das ruinöse Haus des Baumeisters Peter Ulrich am Marktplatz von Pirna von 1506

Tom Pauls alias Ilse Bähnert

wach. Im Erdgeschoss wird seitdem in „**Ilses Kaffeestube**“ sächsische Gastlichkeit gepflegt. Zwei Etagen darüber empfängt das **Tom-Pauls-Theater** mit 180 Plätzen zu Kabarett, Lesungen und Konzerten.

Das schönste sächsische Wort
Als Vorstandsvorsitzender der **Ilse-Bähnert-Stiftung** widmet sich **Tom Pauls** seit 2007 zudem der Pflege der sächsischen Sprache. Jährlich wird das schönste sächsische Wort gekürt, zum Beispiel 2011 „Bomforzionös“, das bedrohteste Wort lautete 2008 „lawede“ und das beliebteste Wort des Jahres 2010 – für eine wenig einladende Unterkunft – „Hornzsche“.

Matthäus Daniel Pöppelmann – er schuf Einzigartiges

Der in Herford gebürtige Matthäus Daniel Pöppelmann (1662–1736) ist einer der bedeutendsten Baumeister des deutschen Barock und Rokoko.
Zu Lebzeiten galt seine **Elbbrücke** in Dresden als **Weltwunder**, heute sieht man den **Zwinger** als sein Hauptwerk an. Doch auch viele weitere namhafte Bauten tragen Pöppelmanns Handschrift in die Gegenwart – vom **Japanischen Palais** und dem **Taschenbergpalais** über die **Schlösser Pillnitz** und **Moritzburg** bis hin zur **Dreikönigskirche** in der Neustadt. Auch Bürger beauftragten den Baumeister, so wie Georg Christoph Dinglinger mit seinem prachtvollen **Eckgebäude am Jüdenhof** (1716) oder Andreas Adam mit dem **Kanzleigebäude Große Meißner Straße 15**, welches im Hotel Bellevue überdauerte.

Das Taschenbergpalais bei Nacht

Polarkreis 18 – an der Spitze der Charts

Im Oktober 2008 konnte die Dresdner Indie-Band „Polarkreis 18“ den Song „**Allein, allein**“ auf Anhieb in den Top Ten der deutschen Single-Charts platzieren, um alsbald sogar Platz 1 zu erobern. **Felix Räubers** umwerfende, beinahe überirdische Kopfstimme, dazu elektronische Beats wie Styroporhämmer, das Klavier aus Porzellan, volle Bläser und zarte Streicher vermischen sich darin zu einem atemberaubenden Kunstwerk. Leider konnte die Band mit ihrem Folgealbum „Frei“ 2010 nicht an den Erfolg anknüpfen und löste sich zwei Jahre später auf. Räubers markante Stimme ist unterdessen im **Dresdner Schauspielhaus** zu hören, auch plant der einstige Frontmann eine Solokarriere.

Leipzigs musikalischer Adel – Die Prinzen

Nach ersten künstlerischen Schritten zu DDR-Zeiten gelang den vier einstigen Thomanern Tobias Künzel, Sebastian Krumbiegel, Wolfgang Lenk und Henri Schmidt sowie dem Kruzianer Jens Sembdner im Jahr 1991 unter dem Namen „**Die Prinzen**“ der Durchbruch. Softe Titel wie „**Küssen verboten**“ wurden Mitte der 1990er-Jahre von aggressiven Texten und rockiger Musik abgelöst, so etwa in „**Alles nur geklaut**“ oder „**Du musst ein Schwein sein**“. Auch nach der Jahrtausendwende tauchten „Die Prinzen“ wieder in den Charts auf, so mit „**Deutschland**“ (2001) und „**Frauen sind die neuen Männer**“ (2008). Insgesamt erreichte die Leipziger Popgruppe **14 Goldene Schallplatten** sowie **sechs Platinauszeichnungen** und erhielt zweimal den **Echo-Preis**. Für ihr Engagement gegen rechte und ausländerfeindliche Tendenzen wurde die Gruppe 2006 mit dem Preis „**Gegen das Vergessen – Für Demokratie**“ ausgezeichnet.

Fürst Pückler – vielseitiger und rastloser Standesherr

Fürst Pückler – da denken viele zuerst an Eis. In der Tat widmete ein Königlich-Preußischer Hofkoch namens Louis Ferdinand Jungius dem damals schon bekannten Adligen 1839 ein dreischichtiges Eis. Der tollkühne und rastlose Fürst Hermann Ludwig Heinrich von Pückler (1785–1871) war jedoch auch ein bekannter **Landschaftsarchitekt**. Der von ihm gestaltete **Landschaftspark** in **Bad Muskau** gilt als **größter dieser Art in Zentraleuropa**.
Als Pückler sich mit dem Projekt übernommen hatte, verkaufte er den Besitz 1845 und legte von dem Erlös den **Park Branitz** bei Cottbus an.

Tausendsassa

Fürst Pückler nahm 1813 als Generaladjudant an der Völkerschlacht bei Leipzig teil, beteiligte sich 81-jährig als General am preußischen Feldzug gegen Österreich-Ungarn (1866) und bewarb sich, allerdings erfolglos, um die Teilnahme am Deutsch-Französischen Krieg (1870). Literarischen Ruhm erntete Pückler für die anonym herausgegebenen „**Briefe eines Verstorbenen**“ (1830–1831). Als erster deutscher Schriftsteller benutzte er Kohlepapier für die Durchschläge seiner Werke. Den Tausendsassa zog es aber auch mit dem Freiluftballon in die Lüfte (1815) oder zu den Nilkatarakten (1837).

Ernst Rietschel prägte die Denkmal-Kunst

Rietschel galt in der Zeit des Spätklassizismus als bedeutendster **Schöpfer von Denkmalen** in Deutschland. Zu seinen Werken gehören das Lessing-Denkmal in Braunschweig (1849), das berühmte Goethe-Schiller-Denkmal in Weimar (1856) und das **Denkmal zu Ehren Carl Maria von Webers** (1858) auf der **Dresdner Brühlschen Terrasse**.
Geboren wurde **Ernst Friedrich August Rietschel** 1804 in der Pfefferkuchenstadt **Pulsnitz**.
Die in der Rietschelstraße ansässige Firma E. C. Groschky geht auf einen Schwager des Bildhauers zurück und vertreibt bis heute einen Rietschelkuchen.

27-jährig schon Professor

Nach einem erfolgreichen Studium an der **Dresdner Kunstakademie** erhielt der gerade mal 27-jährige **Ernst Friedrich August Rietschel** dort eine Professur für Bildhauerei. In Zusammenarbeit mit berühmten Architekten wirkte er an der Ausstattung von repräsentativen Gebäuden mit, so ist das Giebelrelief des Berliner Opernhauses Unter den Linden auf ihn zurückzuführen.

Denkmal für Ernst Rietschel in Pulsnitz

Er schuf die Quadriga des Braunschweiger Schlosses und stattete für Gottfried Semper dessen **erstes Opernhaus in Dresden** aus. 1836 wurde Rietschel Mitglied der Berliner Akademie der Künste und Ehrenmitglied der Wiener Kunstakademie, beteiligte sich 1855 mit einer Lessing-Statue an der Pariser Weltausstellung und wurde Ritter der Französischen Ehrenlegion. Mit seinem bildhauerischen Schaffen leistete er dem Ansehen Deutschlands als „**Land der Dichter und Denker**" im Ausland großen Vorschub. Ein **Denkmal** auf dem Marktplatz seiner Geburtsstadt **Pulsnitz** hält das Andenken an den bedeutenden Bildhauer aufrecht.

Joachim Ringelnatz

Der 1883 in **Wurzen** geborene Hans Gustav Bötticher war Zeit seines Lebens ein ausgesprochen vielseitiger und umtriebiger, zugleich aber sehr unsteter Schriftsteller, Maler und Kabarettist, der sich zuvor auch als Seemann, Buchhalter, als Sänger, Gelegenheitsarbeiter, als Wahrsagerin (!) und in vielen anderen Berufen versuchte. Bekannt wurde Ringelnatz vor allem durch die Kunstfigur des **Kuttel Daddeldu**. Seinen ersten Erfolg feierte er 1909 mit seinem Auftritt in der Münchner Künstlerkneipe Simplicissimus. Weitere Meriten verdiente er sich noch vor dem Ersten Weltkrieg mit der „Schnupftabakdose" und bezeichnete sich ab 1919 als **Joachim Ringelnatz**.

Auftrittsverbot bei den Nazis
Joachim Ringelnatz wirkte im Berliner Kabarett „Schall und Rauch“, nahm Schallplatten auf und wirkte beim neuen Medium Rundfunk. Gleichzeitig begann Ringelnatz zu zeichnen. In Berliner Künstlerkreisen freundete er sich mit **Claire Waldoff**, **Kurt Tucholsky** und **Otto Dix** an. Mit der Machtergreifung der Nazis erhielt der inzwischen populäre Künstler Auftrittsverbot, seine Bücher landeten auf dem Scheiterhaufen. Schnell verarmend, starb Ringelnatz 1934 in Berlin an Tuberkulose. Anlässlich seines einhundertsten Geburtstages wurde das Geburtshaus des Künstlers in Wurzen in **Ringelnatzhaus** umbenannt.

Schlagersänger Frank Schöbel aus Leipzig

Der wohl populärste Schlagersänger der siebziger Jahre in der DDR wuchs ab 1942 im **Leipziger Waldstraßenviertel** auf: Frank Schöbel. Seinen ersten (gesamtdeutschen!) Hit landete er 1971 mit dem Song „**Wie ein Stern**“, der sich beidseits der Elbe 550 000-mal verkaufte.
Bereits 1968 hatte er mit seiner ersten Ehefrau Chris Doerk in dem DEFA-Erfolg „**Heißer Sommer**“ Furore gemacht. Ähnliche Popularität erreichte er bei Kindern mit der 1975 eingespielten Platte „**Komm wir malen eine Sonne**“. Achtmal wurde Schöbel zwischen 1971 und 1986 **DDR-Fernsehliebling** und errang beim Internationalen Schlagerfestival der sozialistischen Länder 1971 in Dresden den ersten Preis.

Ein Musiker der Romantik – Robert Schumann

Der begnadete Komponist und Pianist **Robert Schumann** wurde 1810 in **Zwickau** geboren und wird von der Stadt durch den alle vier Jahre durchgeführten **Robert-Schumann-Wettbewerb** gewürdigt.
Gegen den Willen seiner Mutter schlug er eine Musikerlaufbahn ein und wurde Schüler des außergewöhnlichen Musikpädagogen Friedrich Wieck. Die Hochzeit mit dessen Tochter und begnadeten Pianistin Clara stieß hingegen auf den entschiedenen Widerstand ihres Vaters.

Das Geburtshaus Robert Schumanns in Zwickau

Robert Schumann – verließ Dresden enttäuscht
Seit 1844 lebten die Schumanns in Dresden, Robert selbst bezeichnete seine Schaffensphase hier als die fruchtbarste. Berühmt wurde Schumann vor allem durch seine **Klavierkonzerte**, die er in den Konzertsälen des **Hotel de Saxe** oder des **Coselpalais** am Neumarkt selbst spielte.
Als Richard Wagner Dresden 1849 verlassen musste, bewarb sich der Komponist vergeblich um dessen Nachfolge an der Hofoper. Enttäuscht verließ Schumann im Folgejahr Dresden Richtung Düsseldorf, wo er als städtischer Musikdirektor große Erfolge feierte und zugleich Streit und Intrigen ausgesetzt war. Schwer erkrankt, starb der Musiker 1856 in der Bonner Nervenheilanstalt.

Johann Andreas Schubert schuf die erste deutsche Dampflokomotive

Der stürmische Ausbau von Eisenbahn und Industrie prägten Sachsens Entwicklung im 19. Jahrhundert entscheidend. Der 1808 im vogtländischen **Wernesgrün** geborene Schubert gehörte zu den bedeutendsten Persönlichkeiten seiner Zeit. Der außerordentlich begabte Sohn eines Tagelöhners wuchs bei Pflegeeltern auf, die ihm ein Studium ermöglichten. Mit gerade mal 20 Jahren wurde Schubert erster Technik-Lehrer an der neu gegründeten **Königlich-Technischen Bildungsanstalt Dresden** (1828) und avancierte vier Jahre später zum Professor. In der Folge prägte er die Lehre wie die Praxis des Maschinenbaus und Bauingenieurwesens in Sachsen: Der Gründer der Maschinenbau-Anstalt Übigau (1836) und der Sächsischen Elbe-Dampfschiffahrts-Gesellschaft (1836) entwickelte den ersten Dampfer auf der Oberelbe, die „Königin Maria" (1837). Bei der Eröffnung der ersten deutschen Ferneisenbahnstrecke Dresden–Leipzig fuhr Schubert die von ihm konstruierte **erste deutsche Dampflokomotive** „Saxonia" (1839).

Weitblick bewiesen – Göltzschtalbrücke

Die von Andreas Schubert gebaute Göltzschtalbrücke dient seit 160 Jahren dem Bahnverkehr

Für den unvorstellbaren Weitblick des Bauingenieurs **Johann Andreas Schubert** mag die Göltzschtalbrücke (1846–1851) als größte Ziegelbrücke der Welt gelten. Von nötigen Instandhaltungsarbeiten abgesehen, dient das Bauwerk auch nach mehr als 160 Jahren den Anforderungen des modernen Eisenbahnverkehrs. Schubert verstarb 1870 in Dresden, wo der **Andreas-Schubert-Bau** der Technischen Universität an den Pionier des sächsischen Maschinenbaus und Bauwesens sowie einstigen Direktor der Bildungsanstalt erinnert.

Silbermond – Schülerband aus Bautzen

Mit englischen Cover-Songs und einigen eigenen englischsprachigen Kompositionen erzielte eine Band erste Erfolge, die sich 2002 den Namen **Silbermond** zulegte und zur Deutschrock-Gruppe entwickelte. Die Band trat 2002 auf dem **Hutberg bei Kamenz** – unweit ihrer Heimatstadt Bautzen – erstmals vor größerem Publikum als Vorgruppe der Puhdys auf. Inzwischen nach Berlin gezogen, machte Silbermond rasch mit den balladenhaften Titeln „**Symphonie**", „**Das Beste**" und „**Irgendwas bleibt**" Furore. Bereits 2005 erhielt die Gruppe den „**Echo**" in der Kategorie Newcomer des Jahres national.
Das dritte Silbermond-Album „**Nichts passiert**" kletterte in der ersten Woche auf Platz eins der jeweiligen Charts in Deutschland, Österreich und der Schweiz.

Engagement für sorbische Kultur
Die Musiker von **Silbermond** um Frontfrau **Stefanie Kloß** engagieren sich daneben für soziale Projekte und protestierten medienwirksam gegen die Kürzung von Fördermitteln für die sorbische Kultur. Anders als „Kraftklub" aus Chemnitz definiert sich die Band nicht als Ostband, verhehlt aber ihre Wurzeln im sächsischen Bautzen nicht.

Stern Combo Meißen

Die Anfänge der „Stern Combo Meißen" reichen zurück bis ins Jahr 1964, als die Gruppe in ihrer Heimatstadt ein erstes Konzert gab. 1976 gelang mit „**Der Kampf um den Südpol**" der erste Hit. Zwischen 1980 und 1989 firmierte die Band erfolgreich unter der Bezeichnung „**Stern Meißen**". Anfänglich adaptierte die Combo Songs von „Chicago" oder „Blood, Sweat & Tears", bevor sie sich in den 1980ern beispielsweise in dem Album „**Stundenschlag**" tanzbaren deutschen Liedern zuwandte. Bekannt wurde die Adaption von Vivaldis „**Der Frühling**" (1979).
Zu den Sängern von Stern Meißen gehörten auch **Veronika Fischer** und **IC Falkenberg**. 1982 gewann die Band den **ersten Preis** beim **Internationalen Schlagerfestival Dresden**, vier Jahre später wurde der Song „**Taufrisch**" **Hit des Jahres**. 2009 tourte die Rockgruppe unter dem Motto „45 Jahre Stern-Combo Meißen" und nahm 2011 das Album „Lebensuhr" mit neuen Songs auf. Vom Ursprungsteam sind heute noch Bandchef **Martin Schreier** und Manager **Detlef Seidel** an Bord.

Walter Ulbricht – Einsatz für Leipzig

Er galt im Westen als das Feindbild schlechthin: Der in Leipzig gebürtige Walter Ulbricht (1893–1973). Er pflegte auch in seiner Zeit als Chef der SED sein breites Sächsisch. Von ihrer Gründung im Jahr 1949 an galt der dogmatische Politiker als starker Mann in der DDR und setzte die führende Rolle der Partei in allen Lebensbereichen durch. Welche Entscheidungsspielräume Ulbricht beim Bau der Berliner Mauer 1961 wirklich hatte, ist schwer zu sagen. Der Sachse mit dem Ziegenbart suchte später die Abhängigkeit von der Sowjetunion zu begrenzen und hegte bis Ende der 1960er-Jahre sogar Ambitionen für ein engeres Zusammengehen mit der Bundesrepublik. Bei seiner faktischen Entmachtung 1971 durch Erich Honecker waren diese Alleingänge in der Wirtschafts- und Außenpolitik ein wesentliches Argument in Moskau. In seiner Geburtsstadt **Leipzig** mischte Ulbricht immer mit.
Ohne seinen „Ukas" (Präsidentenerlass) wäre die historische **Augustinerkirche** am Augustusplatz wohl nicht abgerissen worden. Und wenn in **Leipzig Messe** war, dann waren die Auslagen in den Geschäften von Dresden und anderswo wie leergefegt: Die Messestadt musste glänzen!

Dichterin vom Ufer der Pleiße – Lene Vogt

Die sächsische Mundartdichterin Lene Vogt erblickte 1891 „an der Pleiße" das Licht der Welt und starb ebenda in Leipzig im Jahr 1962.
Die Tochter eines Schriftsetzers wurde zunächst Kindergärtnerin, erwarb sich später als kaufmännische Angestellte des Insel Verlages und seit 1921 als freie Schriftstellerin eine große Popularität als **sächsische Mundartdichterin**. Ihre Werke wie „**Säk'sche Balladen**", „**Säk'sche Glassigger**" oder „**Leibzcher Lindenblieten**" wurden vorrangig in linken und Arbeiterschriften veröffentlicht.

Von den Nazis verboten – danach vergessen ...

Mit der Machtergreifung der Nationalsozialisten wurde die Künstlerin zunächst verschmäht und ab 1936 verboten. Die Demütigungen hinterließen tiefe Spuren in ihrer Psyche. Nach der Befreiung 1945 waren ihre Werke weitgehend in Vergessenheit geraten, so dass Lene Vogt 1962 im Bezirkskrankenhaus für Psychiatrie Leipzig-Dösen weitgehend unbekannt verstarb.
In der zweiten Hälfte der 1970er-Jahre sendete der Leipziger Rundfunk in Kooperation mit den „**academixern**" so genannte „**Amessements**", bei denen in der Messezeit sächsische Lieder und Texte geboten worden. Nun erschienen auch wieder einzelne Werke von Lene Vogt, so 1983 „**Bargarohle, Bärchschaft un sächs'sches Ginsdlrblud. Lauter gleenes Zeich zum Vortragen und noch etwas mehr**".
Über die Grenzen Sachsens hinaus verzeichnen Leipziger Kabarettisten bis heute große Erfolge mit ihrem Programm: „**Wo de Bleisse bläddschert – Lene Vogt.**" Ihr folgender Vers stand wohl auch Pate für das bekannte Lied „**Sing, mei Sachse, sing**" von Jürgen Hart:

„Was Sachsen sin von echtem Schlaach,
die sin nich dod zu griechn.
Drifft die ooch Gummer Daach fier Daach,
ihr froher Mut wärd siechen.“

Der Meister H. W.

Die berühmte Tulpenkanzel zu Freiberg

Um 1505 wirkte der Bildhauer mit den geheimnisumwitterten Initialen H. W. im Erzgebirgischen. Zu seinen Werken gehören die „Schöne Tür“ der **Annaberger St. Annenkirche**, die „Geißelsäule“ in der **Chemnitzer Schlosskirche** oder der Altar der **Ehrenfriedersdorfer Stadtkirche**. Sein Meisterwerk aber stellt wohl die Tulpenkanzel im **Freiberger Dom St. Marien** dar. Dessen Neuaufbau auf den Grundmauern einer romanischen Pfeilerbasilika machte erst ein schwerer Brand im Jahr 1484 erforderlich. Die dreischiffige Hallenkirche gehört zu den **bedeutendsten Zeugnissen** mittelalterlicher Baukunst.

Die überaus reiche Bergstadt holte sich für das Vorhaben die besten zeitgenössischen Handwerker nach Freiberg. H. W. scheint mit seiner **Tulpenkanzel aus Tuffstein** die Gesetze der Schwerkraft außer Kraft zu setzen. Rätselhaft sind die Bezeichnung und Form der nach 1505 gefertigten, freistehenden Kanzel. Tulpen waren zu jener Zeit in Sachsen unbekannt. Den Kelch des aloeartigen Gewächses aus dem Orient schmücken Büsten der Kirchenväter Augustin als Bischof, Gregor als Papst, Ambrosius als Erzbischof und Hieronymus als Kardinal. Der bärtige Mann am Fuße der Treppe dürfte Daniel, der Schutzpatron der Bergleute sein.

Auch Goethe pries die Tulpenkanzel

Das steinerne Wunderwerk wurde anfänglich zu hohen Feiertagen genutzt, bis Nikolaus Hausmann 1541 bei seiner Antrittspredigt als Superintendent einen Schlaganfall erlitt und alsbald verstarb. Doch noch heute spricht die filigrane und ausdrucksstarke **Tulpenkanzel** – wie kaum ein anderes Kunstobjekt – allein für sich zum Besucher. Ihre Symbolik pries bereits Johann Wolfgang von Goethe.

Wer aber war jener legendäre Meister H. W. nun wirklich? Wir kennen weder seine Biografie und nicht einmal das Gesicht des Künstlers. Was alle Zeiten überdauerte, sind die genialen und ausdrucksstarken Schöpfungen im Erzgebirge aus seiner Hand.

Richard Wagner – Erneuerer der europäischen Musik

Manche vergöttern ihn, andere hassen ihn, aber jeder kennt ihn: (Wilhelm) **Richard Wagner**. Er reformierte die zeitgenössische Musik wie kein anderer, inszenierte sich mit eigenen Festspielen, er gilt jedoch auch als Vorkämpfer des deutschen **Antisemitismus**.

Richard Wagner im Jahr 1845

Der gebürtige **Leipziger** (1813) war gerade ein Jahr alt, als seine Familie nach **Dresden** zog.

Der Kreuzschüler wurde nach den Erfolgen seiner Opern „**Rienzi**" (1842) und „**Fliegender Holländer**" (1843) am **Dresdner Hoftheater** zum königlich-sächsischen Kapellmeister auf Lebenszeit ernannt. 1845 konnte er seinen „**Tannhäuser**" in Dresden zur Uraufführung bringen. Zunehmend stieß Wagner jedoch an dem stockkonservativen Hofe mit seinen Reformbemühungen auf Widerstand. Die Aufführung des in Dresden komponierten „**Lohengrin**" wurde 1848 verboten.

Bürgerlicher Revolutionär

Große Verdienste erwarb sich Wagner in dieser Zeit mit seinem Einsatz für die Überführung der sterblichen Überreste Carl Maria von Webers nach Dresden (1844) und der Darbietung der als beinahe unaufführbar geltenden IX. Sinfonie Beethovens (1846). Wegen der Beteiligung an der **bürgerlichen Revolution** 1848/49 musste der Komponist Sachsen verlassen, die Aufführung seiner Werke blieb mehrere Jahre lang verboten. 1876 erfolgte anlässlich der ersten **Bayreuther Festspiele** die Aufführung des vollständigen „**Ring des Nibelungen**" im neugebauten Festspielhaus. 1883 verstarb Wagner in Venedig. Sein Leichnam wurde in Bayreuth im Garten seiner Villa Wahnfried beigesetzt.

Das Haus Wettin – eine ewige Dynastie

Wettin ist ein kleines und eher unscheinbares Städtchen nördlich von Halle im heutigen Bundesland Sachsen-Anhalt. Die dortige Burg ist bemerkenswert, weil das **sächsische Fürstengeschlecht** hier seinen Ursprung hatte. Von 1089 an bis 1918 regierten die **Wettiner** die **Markgrafschaft Meißen**, wie das spätere Sachsen im Mittelalter bezeichnet wurde. Über mehr als achthundert

Jahre stellte das Fürstengeschlecht ununterbrochen die Regenten für dieses Land – weltweit kann da keine Dynastie mithalten!
1485 teilte sich das Geschlecht in die ältere ernestinische Linie und die jüngere albertinische Linie. Letztere bestimmte fortan das Geschick des heutigen Sachsens. Als ihr Oberhaupt gilt **Maria Emanuel von Sachsen** (1926 geboren). Sowohl die englische **Queen Elizabeth II**. als auch der belgische **König Albert II**. haben hingegen ernestinisches Blut in ihren Adern.

August der Starke ist der bekannteste Wettiner

Katharina Witt – das schönste Gesicht des Sozialismus

Katharina Witt wurde 1965 im märkischen **Staaken** geboren. Ab 1977 trainierte sie unter **Jutta Müller** in **Karl-Marx-Stadt**. 1979 erreichte die Eiskunstläuferin einen dritten Platz bei der DDR-Meisterschaft und wurde im Folgejahr Zweite hinter Annett Pötzsch. Nach deren Abschied von der aktiven Laufbahn errang Witt 1981 den **DDR-Meistertitel**, den sie bis 1988 ununterbrochen verteidigen konnte. Wie schon Annett Pötzsch 1980 konnte sie sich im Jahr der Olympischen Spiele 1984 dazu den **Europameister-** und den **Weltmeistertitel** sowie die **olympische Goldmedaille** sichern.
Sie wiederholte diesen triumphalen Erfolg zum Abschluss ihrer aktiven Laufbahn 1988. Katharina Witt errang insgesamt **zwei olympische Goldmedaillen**, **vier Weltmeister-** und **sechs Europameistertitel**.
Ab 1988 trat sie bei „**Holiday on Ice**" und in verschiedenen Eisshows auf, bevor sie eine beispiellose Rückkehr in die Amateurlaufbahn einleitete. 1994 erzielte sie bei den Olympischen Spielen in Lillehammer den siebten Platz. Für ihre sportlichen Leistungen und die Ausstrahlung wurde sie jenseits der Grenzen zum „**Schönsten Gesicht des Sozialismus**" stilisiert. Nur Katharina Witt (1998) und **Marilyn Monroe** gelang je – mit Nacktfotos – der weltweite Ausverkauf der Zeitschrift „**Playboy**".

Heinrich Zille – Berliner Original aus Radeburg

Heinrich Zille erblickte 1858 in dem beschaulichen Städtchen **Radeburg** als Sohn eines Uhrmachers das Licht der Welt. Viele Erinnerungen an das Hofgebäude des Marktgrundstücks können dem späteren „**Pinselheinrich**“ nicht verblieben sein, denn noch im selben Jahr brannte der gesamte Häuserblock ab. Immerhin erinnert heute eine **Gedenktafel** am **Gebäude Markt 11** an den berühmtesten Sohn der Stadt.

Tafel am Wohnhaus der Familie Zille in Radeburg

Sozialkritischer Zeichner der Straße

Die Kindheit brachte Zille über **Dresden** nach **Potschappel** (Freital). Sie war jedoch keineswegs unbeschwert. Obwohl handwerklich außerordentlich geschickt, fehlte dem Vater das kaufmännische Gespür. Mehrfach musste Johann Traugott Zille im Schuldgefängnis einsitzen. Auf der Flucht vor den Gläubigern kam die Familie 1867 in eine Berliner Kellerwohnung am Schlesischen Bahnhof. Sehr früh lernte Heinrich so das „**Milljöh**“ am eigenen Leibe kennen, welches er bald in seinen Grafiken, Fotografien und Malereien festhielt.

Nach einer Lehre als Steinzeichner mühte sich Heinrich zunächst als Zeichner für Damenmoden, Leuchtkörper oder Werbung, bevor er 1877 Geselle bei der „Photographischen Gesellschaft Berlin“ wurde. Zum sozialkritischen Zeichner der Straße, den wir heute kennen, wurde Zille erst mit fünfzig. Er malte rotznäsige Berliner Kinder, porträtierte Huren ebenso wie er sarkastische Einblicke in Berliner Hinterhöfe gewährte. Eng befreundet mit Claire Waldoff, galt der Künstler schon zu Lebzeiten als **Berliner Original**.

Echt Dresden
August der Starke, die Frauenkirche,
Grünes Gewölbe, Zwinger ...
pfiffige Erfinder und Karl May
Geschichten und Anekdoten
Band 1
von Dietmar Schreier
88 Seiten, geb., zahlr. S/W-Fotos
ISBN 978-3-937924-85-4

Es war einmal in Dresden
Kaufhaus Renner, Central-Theater, ...
vom Kegeln bei „Antons"
Geschichten und Anekdoten Band 2
von Dietmar Schreier
88 Seiten, geb. zahlr. S/W-Fotos
ISBN 978-3-937924-87-8

Dresden
Er gab dem Stadtbild ein Gesicht –
Hans Erlwein
von Uwe Schieferdecker
104 Seiten, geb., S/W-Fotos
ISBN 978-3-941499-64-5

Weißt du noch?
Trümmereinsätze, Tauschgeschäfte ... und Tanz in der „Kaskade“
Alltags-Geschichten aus der Nachkriegszeit
von Uwe Schieferdecker
88 Seiten, geb., zahlr. S/W-Fotos
(ISBN: 3-937924-49-3)

Dresden – Der dreifache Blick
deutsch/english
von Uwe Schieferdecker
48 Seiten, geb., zahlr. Farbfotos
(ISBN: 3-937924-04-3)

Echt Leipzig!
Besonderheiten einer alten Messestadt
von Otto Künnemann
deutsch/englisch
48 Seiten, geb., zahlr. Farbfotos
ISBN 3-937924-03-5

Leipzig
Der dreifache Blick
von Otto Künnemann · Martina Güldemann ·
Michael Weiß
deutsch/englisch
48 Seiten, geb., zahlr. Farbfotos
ISBN 3-937924-26-4